设备精益管理系列图书

原汁原味全员生产维护
TPM实战

唐亚文　吴绍玉　编著

机械工业出版社

本书系统介绍了设备的全员生产维护（TPM），从设备管理的目的入手，介绍了自主保全和计划保全活动、各阶段活动的要素，详细阐述了自主保全的管理方法、设备效率的改善、设备灾害的预防和管理、自主保全实战工具应用，并将成功推行TPM活动的企业的各种实用图表作为示例供读者参考。

本书可供企业从事全员生产维护工作的管理人员、推行人员参考与应用，也可作为企业全员生产维护的培训用书、设备管理工具书，还可供高等院校工业工程、企业管理等相关专业的师生参考。

图书在版编目（CIP）数据

原汁原味全员生产维护TPM实战 / 唐亚文，吴绍玉编著. -- 北京：机械工业出版社，2024. 10. -- (设备精益管理系列图书). -- ISBN 978-7-111-76883-8

I. F273.4

中国国家版本馆CIP数据核字第2024F5A733号

机械工业出版社（北京市百万庄大街22号　邮政编码100037）
策划编辑：孔　劲　　　　　责任编辑：孔　劲　李含杨
责任校对：龚思文　宋　安　　封面设计：马精明
责任印制：任维东
河北鑫兆源印刷有限公司印刷
2024年12月第1版第1次印刷
169mm × 239mm · 14.75印张 · 262千字
标准书号：ISBN 978-7-111-76883-8
定价：69.00元

电话服务　　　　　　　　　网络服务
客服电话：010-88361066　　机 工 官 网：www.cmpbook.com
　　　　　010-88379833　　机 工 官 博：weibo.com/cmp1952
　　　　　010-68326294　　金 书 网：www.golden-book.com
封底无防伪标均为盗版　机工教育服务网：www.cmpedu.com

序

在《中国式现代化是强国建设、民族复兴的康庄大道》的文章中，习近平总书记强调，一个国家走向现代化，既要遵循现代化一般规律，更要符合本国实际，具有本国特色。中国式现代化既有各国现代化的共同特征，更有基于自己国情的鲜明特色。

本书的编写者，对企业"设备管理推行"具有丰富的理论知识和亲历亲为的实践经验，本书充分遵循并介绍的正是当今世界上企业推行设备管理现代化的一般规律和各国企业现代化的共同特征。

中国式现代化的鲜明特色，深刻揭示了中国式现代化的科学内涵。中国式现代化的现场管理，要牢记五大原则：

1. 强调企业努力的目标，即什么是当今企业的"上下同欲"。

2. 强调企业管理的对象，必须是企业有订单的产品及其生产线，强化生产线管理的重要性。

3. 强调企业的组织结构，生产线管理必须重心下移。调动基层管理人员的积极性，落实责任结果。

4. 强调基层管理人员的责任是防止生产线"停产"，而不是"停机"；是管控有订单产品的作业时间，而不是零故障。

5. 考核企业管理，首先考核企业有订单产品"生产线停产时间可控程度"。

当今企业的一个重要目标是"产品安全、精益、高效高质量按订单合同时间交付"！

本书实用性强，对于具有订单、产品、生产线三位一体特征的企业的基层一线管理者有直接的应用和参考价值，也可作为设备管理技能的培训教材和工具用书。

张孝桐

前　言

作为一名专注于设备管理领域专业培训的培训师，我在培训过程中观察到，许多学员尽管在某些具体的知识点和技能方面展现出了相当的专业性，但他们往往难以将这些专业知识点和技能系统、全面地串联起来。更令人担忧的是，还有不少学员仅限于知道某些技能的专业术语，或是只能机械地应用这些技能，而无法深入理解和灵活运用，最终不仅无法实现技能的有效运用，还可能因推行（运用）不当达不到预期效果甚至增加很多额外的工作量，产生副作用这无疑是设备管理领域面临的一个普遍且令人困扰的问题。经过深入思考，我意识到问题的根源在于两方面：一是缺乏系统、全面的学习资源，如权威的书籍、专家的指导和成熟的企业培训体系，这使得学员们难以获得全面的指导和实践机会；二是在不明确技能应用的目的和适用条件的情况下，学员们往往会盲目地套用技能，导致效果不佳。为了打破这一困境，我深感有必要撰写一本书，旨在为学员们提供一个系统、全面的学习资源，帮助他们深入理解并掌握设备管理的核心知识和技能，助力学员们在设备管理的道路上走得更远、更稳。

我与吴绍玉老师都在世界 500 强的外企工作过，都有负责 TPM 推行的经验。吴绍玉老师在长期推行 TPM 的过程中，在自主保全、计划保全、保全（现场）管理、人才育成等领域积累了大量实战经验，并完成了由实战经验沉淀为全面、系统的科学管理的过程。在推行 TPM 的过程中，我和吴绍玉老师都意识到，尽管 TPM 的重要性不言而喻，但真正理解并能够有效应用它的企业却并不多见。这导致了不少人误认为 TPM 并不适用于自己的企业环境。鉴于此，本书以一种新的视角阐述 TPM 推行的过程：本书系统地介绍了 TPM 设备的管理，但不是以具体的推行方法为主，而是从设备管理的目的开始，推进以自主保全和计划保全为主的 5 大支柱活动，关注设备核心效率的提升，并以安全环境为根基，辅以实战表单和要点。

中国式现代化有自己的鲜明特色，只有贴合我国国情，才能使 TPM 从根本上发挥出应有的效果。我与吴绍玉老师结合多年推行 TPM 的工作经验编写了本书。书中大量使用了原汁原味的 TPM 专业术语来深入介绍 TPM 的推行方式，并为了方便读者理解，对这些专业术语做了详尽的备注，这也正是本书的一大特色。我们深知，要构建中国现代化设备管理体系，以及打造企业先进的设备管理体系，必须了解和学习优秀外企的设备管理方式。然而，遗憾的是，当前大多数企业对设备管理领域的关注度仍然不足。因此，我们希望本书的出版能为设备管理行业带来一定的帮助，让学习 TPM 设备管理变得更为便捷和高效。

本书知识点丰富，亦可视为一本设备管理的工具书。在实践本书所介绍的技能时，建议先识别出工作中的困惑点，再选择适合本企业的某项技能加以应用。在此过程中，务必要明确每项技能的目的、实施步骤以及评价方法等，并确保所选技能与企业的实际需求相契合。

对于本书中记载一部分企业案例，在此谨向提供资料的企业致以最深的谢意。此外，本书是在张孝桐老师的鼓励和指导下得以成文的，在此也由衷表达最大的谢意。再者，感谢吴绍玉老师一起投入大量时间，贡献自己设备管理的智慧，与我共同完成本书的编写。徐孟凯先生在本书编辑、修订过程中做了大量文书与统计工作，在此深表谢意。最后，对于出版社的孔劲编辑以及所有相关人员，在此也一并表达最高的谢意。

唐亚文

TPM

目　录

序

前言

第 1 章　设备管理概述 ·· 1

1.1　精益生产和设备管理的联系 ··· 1

1.1.1　精益生产方式的概念 ·· 1

1.1.2　精益生产的特征 ··· 1

1.1.3　精益生产和设备所追求的状态 ·································· 2

1.1.4　精益生产体系和对设备的相关要求 ······························ 2

1.2　设备管理的目的 ·· 4

1.2.1　设备管理的意义 ··· 4

1.2.2　生产管理的三要素 ·· 5

1.2.3　设备管理的范围 ··· 5

1.2.4　设备全寿命周期费用 ·· 7

1.3　TPM 概述 ··· 8

1.3.1　TPM 的发展历史 ··· 8

1.3.2　制造业中的 3T ·· 8

1.3.3　TPM 的定义 ··· 10

1.3.4　TPM 的目的 ··· 10

1.3.5　消除设备 6 大损失的 5 大支柱活动 ····························· 11

1.3.6　关于 TPM 的预期效果 ·· 14

1.4　未来的设备管理 ··· 15

1.4.1　用设备管理引导实现精益生产中有关制造的应有状态 ············· 15

1.4.2　以打造能迅速应对市场变化的设备为目标 ······················ 15

1.4.3　以通过零损失实现经济性设备管理为目标 ······················ 15

1.4.4 以造就设备意识强的人才为目标·······················16

1.4.5 以人性化的设备为目标····································16

第2章　TPM自主保全和计划保全活动 ·············17

2.1 保全管理概述···17

　　2.1.1 什么是保全管理······································17

　　2.1.2 保全管理的目的······································17

　　2.1.3 保全业务的分担······································18

　　2.1.4 保全的PDCA循环·····································20

　　2.1.5 保全业务的评价······································21

2.2 TPM自主保全活动概要·····································22

　　2.2.1 TPM自主保全的基本活动·····························22

　　2.2.2 制造现场的自主保全活动······························23

　　2.2.3 自主保全活动的三要素································24

2.3 TPM计划保全活动概要·····································25

　　2.3.1 计划保全活动的定义··································25

　　2.3.2 计划保全的目的······································25

　　2.3.3 计划保全体系的内容··································26

　　2.3.4 计划保全的7阶段活动································26

　　2.3.5 计划保全的内容补充··································28

2.4 设备管理各活动之间的关联································28

第3章　TPM自主保全的管理方法 ·················30

3.1 概述···30

　　3.1.1 推行自主保全的思路及方法····························30

　　3.1.2 自主保全中操作者的条件······························31

　　3.1.3 制造部门自主保全活动的任务与范围····················32

　　3.1.4 体会TPM自主保全活动的哲学·························33

3.2 TPM自主保全的推行·······································34

　　3.2.1 自主保全基本活动的推行方法··························34

　　3.2.2 自主保全活动阶段概述································38

　　3.2.3 自主保全活动的4大工具······························39

3.2.4 自主保全培训 ·· 44
3.2.5 管理者在推进自主保全活动中的作用 ··············· 45
3.3 TPM 自主保全的具体活动 ··· 46
3.3.1 各项活动内容与活动阶段的关系 ····················· 46
3.3.2 重点设备的选定 ··· 46
3.3.3 维持设备正常运转的基本条件 ························· 48
3.3.4 确定脏污发生源和难以清扫点检的部位 ············ 55
3.3.5 自主保全标准书的编制 ··································· 59
3.3.6 设备总点检的推进 ··· 66
3.3.7 自主保全 4 大重点方法之目视化点检管理 ········· 82
3.3.8 自主保全 4 大重点方法之润滑管理 ·················· 83
3.3.9 自主保全 4 大重点方法之 5S 活动 ··················· 86
3.3.10 自主保全 4 大重点方法之个别改善 ················ 90
3.3.11 TPM 推行 10 大要点 ···································· 97

第4章 设备效率的提升 ·· 99
4.1 设备效率 ·· 99
4.1.1 提升设备效率的方法与目标 ···························· 99
4.1.2 阻碍设备效率的 6 大损失 ······························ 99
4.1.3 设备效率的指标 ·· 100
4.1.4 设备综合效率和每人每小时产量 ····················· 100
4.1.5 设备综合效率和计算示例 ······························ 102
4.2 设备改善 ··· 103
4.2.1 设备改善的基本思路 ······································ 103
4.2.2 慢性损失和突发损失 ······································ 103
4.2.3 设备的可靠性 ··· 104
4.2.4 设备的使用方法和改善方法 ···························· 106
4.3 设备故障及其改善对策 ··· 109
4.3.1 设备故障分类与相关损失 ······························ 109
4.3.2 减少设备故障的对策 ······································ 112
4.3.3 小停机对策 ··· 114
4.4 准备、调整损失的对策 ··· 117

4.4.1 什么是准备、调整损失 ·············· 117

4.4.2 准备、调整损失的问题点 ·············· 117

4.4.3 准备、调整损失对策的着眼点 ·············· 117

4.4.4 准备、调整损失对策的具体推进方法 ·············· 118

4.5 解决速度降低损失的对策 ·············· 118

4.5.1 什么是速度降低损失 ·············· 118

4.5.2 速度降低损失的问题点 ·············· 119

4.5.3 解决速度降低损失对策的具体推进方法 ·············· 119

4.6 解决不良损失的对策 ·············· 119

4.6.1 保全管理和质量不良 ·············· 119

4.6.2 什么是质量保全 ·············· 120

4.6.3 质量保全的推进方法 ·············· 120

4.6.4 质量不良需要关注的地方 ·············· 121

4.6.5 质量保全和设备诊断技术 ·············· 123

4.7 个别改善方法 ·············· 125

4.7.1 PM 分析 ·············· 126

4.7.2 FTA ·············· 131

4.7.3 FMEA ·············· 132

4.8 设备源头改善之初期管理活动 ·············· 136

4.8.1 设备初期管理活动的定义与体系 ·············· 136

4.8.2 设备初期管理活动的具体实施内容与推进方法 ·············· 139

4.8.3 设备安全相关的业务流程、事前评价和安全验收标准 ·············· 142

4.9 设备效率的评价 ·············· 149

第5章 设备灾害的预防和管理 ·············· **150**

5.1 设备灾害管理的视角和对象 ·············· 150

5.1.1 设备灾害管理的视角 ·············· 150

5.1.2 设备灾害管理的对象 ·············· 150

5.2 灾害防止和设备管理应起的作用 ·············· 151

5.2.1 安全管理和设备管理的关系 ·············· 151

5.2.2 卫生管理和设备管理的关系 ·············· 151

5.2.3 环境管理和设备管理的关系 ·············· 152

5.3 对灾害发生的思考 ·· 152
    5.3.1 为什么会出现灾害 ··· 152
    5.3.2 海因里希法则 ··· 152
    5.3.3 异常处理作业和灾害 ··· 154
    5.3.4 作业标准化是班组安全的保障 ································· 156
    5.3.5 慢性不良状态和灾害 ··· 157
    5.3.6 保全不良和灾害 ··· 157
5.4 从设备的角度看灾害防止方法 ·· 157
    5.4.1 什么是安全性能高的设备 ·· 157
    5.4.2 设备的安全预防设计 ··· 158
5.5 自主保全活动和安全 ··· 159
    5.5.1 确保安全的方案 ··· 159
    5.5.2 关于自主保全工作的安全标准 ································· 162

第 6 章 设备管理实战工具应用 ··· 167
6.1 TPM 自主保全看板用表单 ··· 167
6.2 自主保全各阶段内容 ··· 188
6.3 自主保全步骤 0~ 步骤 5 活动推进要点 ······························ 193
6.4 自主保全各步骤的诊断 ··· 199
6.5 自主保全推行的 16 大要点 ·· 210
6.6 某钢铁企业的设备管理实用方法案例 ··································· 219
    6.6.1 编制设备维修中用到的 4 大标准方法与通用设备管理内容 ······ 219
    6.6.2 设备点检与检修的作业内容 ····································· 219
    6.6.3 设备的检修、抢修工程 ·· 220
    6.6.4 设备备件管理 ··· 221
    6.6.5 机械部分各项目的点检要点 ····································· 221
    6.6.6 电气部分各项目的点检要点 ····································· 223
    6.6.7 人才技能提升要点 ·· 225

第1章 设备管理概述

人们能够健康地生活和从事生产活动，除了身体没有疾病的原因，还意味着在肉体、精神、社会生活等方面也都充满着活力。设备也和人一样，所谓设备运转状态良好，不仅仅是指设备没有故障，更重要的是指利用最少的资源，有效地生产出品质优良的产品的状态，以及包括保护地球环境在内，实现适合于各种环境的人性化状态。因此，设备管理必须识别和有效地利用设备本身具有的能力，从前所未有的角度来进行管理，这需要设备相关的所有人员特别是管理者明确设备的管理认知，也就是大方向要正确。本章主要从精益生产、TPM 与设备管理、设备管理的目的、设备管理的未来相关方面来提升大家的认知。

1.1 精益生产和设备管理的联系

1.1.1 精益生产方式的概念

精益生产方式（Lean Production System）源于日本丰田汽车公司，是其在 20 世纪 50 年代到 70 年代经过 20 年的实践形成的一种生产模式；在引入欧美之前，这种生产方式最早被称为丰田生产方式（Toyota Production System，TPS）。

制造业企业为确保持续的利润，总是希望消除一切与生产活动相关的浪费，力求成本递减。而精益生产方式正是与制造相关的全公司性的活动，其核心思想是彻底消除浪费、追求制造方法的合理性，以谋求成本递减（这种活动应在生产中持续推行）。

1.1.2 精益生产的特征

精益生产的特征有以下几点：

1）用基本思想和行动规范体现产品制造的通用价值观，设定以此为基础的制造追求的状态。

其中，基本思想强调始终以从源头开始制造就确保产品质量为首要条件，同时杜绝任何浪费。行动规范要求一切工作都以源头对策为基准，在生产中要贯彻这一理念，以实现制造所追求的状态。产品制造是指最大限度地发挥人员、材料、设备所具有的潜能，有效、合理地制造出能满足社会需求和顾客需求的商品。

2）整合生产管理、技术和制造（现场管理）各领域的能力，明确各自的职责，以发挥综合实力。

3）为了实现制造所追求的状态，企业可通过实践活动和经验积累，将先进的技术和方法标准化并将其普及，以提升企业的竞争力。

1.1.3 精益生产和设备所追求的状态

精益生产追求的状态是，全数保证后工序所需的品质，在必要的时间按必要的数量生产后工序所需的必要产品，投入最少的资源（人员、材料、设备）生产，以人为本。设备是指由不同零件组成、能运转、能转换能量或产生有用功的装置，由动力部分、传动部分、工作部分及控制部分等组成，能减轻人的劳动强度和提高生产率。精益生产和设备所追求的状态见表1-1。

表 1-1 精益生产和设备所追求的状态

项目	精益生产所追求的状态	设备所追求的状态
质量	全数保证后工序所需的质量	用设备的可靠性确保产品质量
效率	在必要的时间按必要的数量生产后工序所需的必要产品	保证设备的运转
成本	投入最少的资源（人员、材料、设备）生产	使设备全寿命周期（参考1.2.4节的内容）成本最小化
士气	以人为本	造就安全、舒适、人性化的设备，培养精通设备的人才

1.1.4 精益生产体系和对设备的相关要求

参考日产生产方式、丰田生产方式、JIPM⊖等相关资料，精益生产体系和对设备的相关要求见表1-2。

⊖ JIPM，全称为Japan Institute of Plant Maintenance，译为日本设备维修协会，是日本唯一的设备维修团体，相当于中国设备管理协会。

表 1-2　精益生产体系和对设备的相关要求

精益生产体系			对设备的相关要求
追求的状态	原则 1	原则 2	
全数保证后工序所需的质量	不制造不良品	杜绝偏差，彻底实施质量保全	① 设置不制造不良品的设备条件 ② 维持和管理设备条件 ③ 改善设备条件
在必要的时间按必要的数量制造后工序所需的必要产品	按照预定计划准时制造	杜绝设备的异常停止	① 设置不发生异常停止的设备条件 ② 维持和管理设备条件 ③ 缩短故障修复时间 ④ 防止故障再次发生 ⑤ 生产高可靠性设备
		遵循生产节拍	① 防止小停机 ② 防止速度降低 ③ 防止起动损耗
	最小化库存	推进小批量化	缩短准备时间
投入最少的资源①	优化人员投入，实现高效制造	使活动人员最少化，减少不必要的人力投入	① 实施有效的初期管理活动 ② 制造品质优良的设备
	降低设备、工装夹具的全寿命周期成本	低成本制造	① 投资回报高的设备规划 ② 制定无浪费的设备使用标准 ③ 降低设计、制造、安装成本 ④ 制造品质优良的设备
		控制生产成本，延长设备使用寿命	① 设立高效的保全管理部门 ② 高效地执行保全措施 ③ 有效地使用设备、配件、工具、润滑油 ④ 及时进行设备更新和分解检修 ⑤ 推行节能的措施
以人为本	营造安全、适宜的工作环境	确保安全	防止因设备引起的灾害
		改善工作环境，减少不安全的工作	引进和改善可减轻工作负荷的设备
		实现舒适的工作环境	引进和改善充分考虑工作环境的设备
	培养人才	通过教育、培训和团队协作优化现场的工作环境	提高设备技术和设备维护保养技能
	保护环境	不生产和排出有害物质	防止因设备引起的公害
		节能，减少废弃物，推行再生利用	① 推行设备节能化 ② 引进和维护充分考虑减少废弃物的设备

① 资源是指制造现场三要素：人员、材料、设备。

1.2 设备管理的目的

设备管理是指，从设备的计划阶段，经过设计、运转、维持，直到废弃的整个过程中，为确保设备功能的有效利用而实施的管理，以最小的投入（人员、设备、材料、方法）获得最大的产出［Q（质量）、C（成本）、D（交货期）、S（安全）、P（效率）］。

1.2.1 设备管理的意义

1）通过设备管理来确保产品质量，以制造令顾客满意的产品。

在投入成本（如人工成本和原材料成本）不断上升，而产品的出厂价格不断下降且质量要求不断提升的前提下，过去的生产基调不再适用，产业结构改革迫在眉睫，以适应整个制造业大环境发生的变化。

面对日益尖锐的国内市场销售竞争等的严峻挑战，为了继续保持市场领先地位，企业往往以低廉的价格向市场投放令顾客满意的产品，但这始终不是长远之计。

尤其是最近，国内大部分产品供大于求，从以前的卖方市场转化为买方市场，因此打造高质量的管理变得尤为重要，可以通过提高设备综合效率（Overall Equipment Effectiveness，OEE；见4.1.3节）来提升企业竞争力。

2）实现设备全寿命周期成本最小的、高效率的设备制造和维持管理。

在过去的生产基调中，对生产设备的要求是高负荷生产，为此积极推进大型化、高速化、高精度化，进行了巨额的设备投资。但是，在精益生产中，对设备的要求发生了变化，即追求全寿命周期成本最小的且更加简单的高效率设备结构。

其关键是，包括现有车间的很多高度自动化的设备在内，充分发挥所有设备的功能，保证产品的质量，并保持高效、良好的运转状态，干净利落地使用和操作设备（这里的操作是指操作员能够正确、彻底地掌握设备的使用）。

为此，最为重要的是将有关设备可靠性、保全性、经济性以及安全性等方面的日常管理活动，从运转阶段提前到设备设计阶段，确保在制造现场也可以设计出性能优良的设备。

3）实现不给社会带来任何危害的设备管理。

企业应该加强和完善设备管理，确保设备不会造成灾害和公害，不给社会甚至生态带来危害（例如应防止化工设备泄露对环境造成污染）。

1.2.2 生产管理的三要素

人员、材料、设备统称为生产管理的三要素（见图1-1），只有它们充分发挥各自的功能，才能开始形成生产活动。设备作为生产管理的三要素之一，如果其功能得不到充分发挥，随后的生产活动也将受到影响。

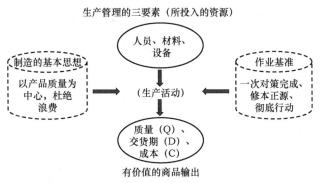

图 1-1　生产管理的三要素和生产活动

注：1. 一次对策完成，即切实地规定每一项工作、不依赖后工序解决问题和上工序下决策、及时现场完美地解决。
2. 修本正源，即追问五次"为什么"，找出根源并从根源采取对策，进行源流管理，经常按照事实进行判断，以看清真正的目的。
3. 彻底行动，即彻底追求最佳的做法并将其标准化，将规定的事项彻底持续下去，绝不妥协。

1.2.3 设备管理的范围

从广义上来讲，设备管理的范围是从设备的调查、研究、设计、制造、安装开始，通过运转、日常设备维护管理，最后到废弃的过程（这里指的是设备全寿命周期）。设备管理是为了进一步提高企业的生产率和经济效益而实施的设备综合管理，其范围如图1-2所示。其中，包括选定、设计、制造优良设备的"设备引进部分"和维持该设备功能的"设备保全部分"，应经常从技术性层面和经济性层面考虑整个设备管理的范围。

与操作、运转相关的设备维持管理称为保全管理，其时间跨度很长，所以应通过"正确的操作"和"防止劣化的活动"等控制运行成本，使设备经常保持最佳状态（有效地实施维持管理活动尤为重要）。

狭义的设备管理，指设备安装调试完成移交给制造部门后的设备管理，也就

5

是我们常见的日常设备管理与维护。

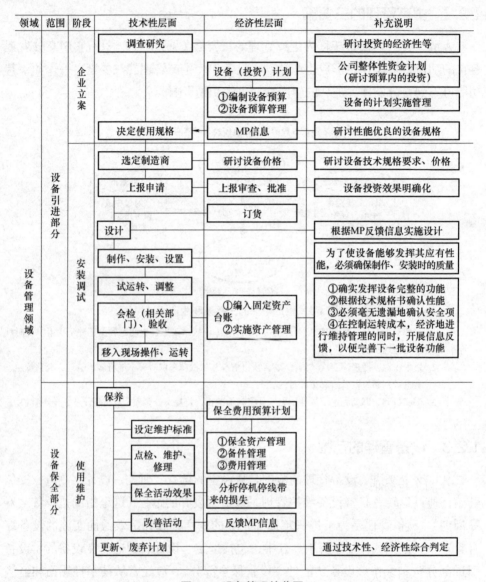

图1-2 设备管理的范围

注：MP，全称 Maintenance Prevention，译为保全预防。其定义是，在新设备的设计或者安装调试之际，考虑保全信息或者新技术，进行高可靠性、经济性、操作性、安全性等方面的设计，以减少保全费或者劣化费。

1.2.4　设备全寿命周期费用

设备全寿命周期费用（Life Cycle Cost，LCC），主要有 5 大费用：①设备初始投入费用（包括设备的计划、设计、制造所需的费用）；②运行费用（包括设备能耗、日常巡视检查、环保等所需的费用）；③设备维护费用（包括设备的检修费用、设备备件成本等费用）；④损失成本（因为设备故障造成的损失）；⑤报废成本。设备全寿命周期费用构成如图 1-3 所示。

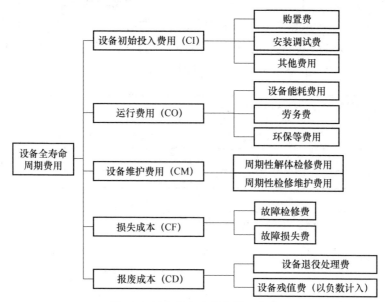

图 1-3　设备全寿命周期费用构成

在购买设备时，不要只比较购入价格，还应将运转劳务费、动力费（能源费）、保全费等运转所需的年度维持管理费计算在内进行综合性比较，只有这样才能够真正了解它的经济性。

另外，继续坚持控制运转维持费，也是非常重要的。

现在，很多人都在质疑价低者中标这种方式不对，其实这里面大家只考虑了投入成本，而没有考虑之后的运维成本、停机损失成本、报废成本，如果全部加起来用 LCC 的方式计算，选择全寿命周期内综合费用最低的才是正确的决策，如果仅追求投入成本最低，是不全面的。

1.3 TPM 概述

1.3.1 TPM 的发展历史

TPM 的源头可追溯到二战前，最初以事后保全在美国逐渐发展，之后又出现了预防保全（Preventive Maintenance，PM），并从美国引入日本，然后进一步发展到改良保全。后期为了更有效地发挥这些活动的功能，出现了保全预防（Maintenance Prevention，MP），随着设备管理的需求变化，又出现了非常经济的生产保全（Productive Maintenance，PM），到现在发展为由全体人员参与的旨在提高设备综合效率的全员生产维护（见图 1-4）。

事后保全 (Breakdown Maintenance, BM)
☆1925年，在美国的文献上有介绍
☆1951年，美国提出预防保全 (PM) 的概念，后日本将其引入

⬇

改良保全 (Corrective Maintenance, CM)

⬇

保全预防 (Maintenance Prevention, MP)

⬇

生产保全 (Productive Maintenance, PM)

⬇

全员生产维护 (Total Productive Maintenance ,TPM) 时代
☆1971年，日本电装公司首次获得PM优秀奖，日式PM的成功应用也意味着TPM的诞生
（注意：这里的PM是指生产保全）

TPM及其相关概念	中文	侧重点	着眼点
Total Production Maintenance	全员生产维护	点的改善	保全
Total Production Management	全面生产管理	过程面的改善	体质强化
Comprehensive Predictive Management	全面预知管理	整体性的改革	经营改善

图 1-4 TPM 的发展历史

1.3.2 制造业中的 3T

制造业中追求的目标就是推进 3T（TPM、TPS、TQM）活动。3T 的详细内容见表 1-3。现实中有很多企业推行过，不过推行中有一些误区，下面简单总结

这些活动在推行中的共同点。

1）3T 推行目标一致，都需要关注 Q（质量）、C（成本）、D（交货期）、S（安全）、P（效率），如果推行过程中在 Q、C、D、S、P 方面没有取得预期的改善效果，则说明所进行的管理活动基本是不可持续的。

2）3T 推行手法是一致的，都是从公司的方针目标分解到日常管理，这一点很好理解。在这个过程中，构建目视化工作场所是非常重要的，它能够帮助管理者更有效地进行现场管理。3T 的活动中都有目视化，希望大家重点关注。

表 1-3　制造业中 3T 的详细内容

项目	TQM	TPS	TPM
目标	在顾客需要时，提供高质量、低成本、高效率的商品		
对象	质量	生产率	设备运行效率
基本思想	① 从制程中将质量做好 ② 不流动不良品 ③ 使工程内的不良率降低 ④ 使顾客（含后工序）满意	① 不降低成本，就无法提高利益 ② 由制造方法来改善制造成本 ③ 彻底来做排除浪费的推进 ④ 追求真正的效率	① 减少因设备原因而造成的质量不良 ② 对生产性有阻碍的设备故障做到防范于未然
活动重点	① QCC[①]活动 ② 目视管理 ③ 防止再发 ④ 质量异常的管理	① JIT 及时化生产（平准化） ② 自働化[②]、省力化 ③ 目视管理	① TPM 小集团活动 ② 故障解析、故障预测 ③ 设备保全活动 ④ 目视管理
手法	方针管理→日常管理→建构目视管理工作场所		
指标	① 质量目标达成状况 ② 顾客满意度 ③ 交货不良率	① 生产率 ② 成本控制情况 ③ 在库天数	① 设备运转率 ② 设备平均寿命 ③ 设备故障时间 ④ 设备故障件数

① QCC 小组（质量控制小组，又称品管圈，QCC 是 Quality Control Circle 的英文首字母缩写）。
② 自働化：让设备或系统拥有人的智慧，当被加工零件或产品出现不良时，设备或系统能即时判断并自动停止。

全面质量管理（Total Quality Management，TQM）是改善企业运营效率的一种重要管理方法，它以产品质量为核心，以全员参与为基础，目的在于通过满足顾客需求和使组织所有者及社会等相关方受益。由此建立起一套科学、严密、高效的质量体系，可以帮助企业实现长期成功的管理。

1.3.3　TPM 的定义

TPM 一改过去的以设备为中心的传统观念，其管理对象范围扩大到以生产系统（企业、工厂全部生产工序）为首的所有生产附带业务。一般情况下，TPM 被视为以"生产系统"的现场、现物为中心的体质改善的实施手段。但在精益生产中，TPM 仍以设备管理为核心。

特别说明：制造业分为连续生产行业和离散性生产行业，连续生产行业中的精益推进重点就是 TPM 管理，因为连续行业的现场无中间搬运浪费、布局确定后也不好变动等，基本上以消除设备为主的损失为重点活动；对于离散性生产行业，设备生产一般不够连续，且需要装配完成，变化和不确定因素较多，这就使不良、交货期、效率、成本变得非常重要，设备越复杂，设备管理越重要，作为设备管理最有效的工具 TPM 也会更加重要。

1.3.4　TPM 的目的

TPM 的目的是排除设备损失、提高设备综合效率，从而提高生产效益。为此，必须确保设备的应有状态，明确与设备相关的全体人员的作用，通过阶段性的提高活动来实现最终目标。

1. 最大限度地提高人机系统的功能和性能

人机系统是指操作者和设备密切合作在一起工作的系统。为了最大限度地提高设备的功能和性能，操作者必须充分理解设备各部位的正确状态，并保持设备的最佳状态。为此，必须明确操作人员、保全人员、工作人员的作用和分工，并确保其遵守必要的事项。

2. 改善现场体质

通过各种改善活动减少制造现场的损失，但是，即使在新设备起动时，仍存在很多损失。实际上，尽管存在可能引发这些损失的条件和缺陷，但是很少有人能彻底发现它们。为了发现并减少现场的各种损失，人们必须做出改变，每个操作人员都必须掌握观察设备的能力和发现设备缺陷的本领。以身作则，养成"自己的设备要自己维护"的思考方式，自觉地努力防止问题再次发生。

通过改变思维方式和行动来改善现场体质并不是一件容易的事情。但可以通过后面叙述的自主保全的思维方式及推进方法实现彻底的改善。

TPM 主要消除 3 类损失，即设备损失、工时损失、其他损失，合计 16 大损失。

1. 16 大损失详情

（1）设备的 6 大损失 有关设备的 6 大损失和设备综合效率（Overall Equipment Effectiveness，OEE）的详细情况，将在第 4 章做进一步的讲解，本节只做简单介绍。

1）故障损失。

2）准备、调整损失。

3）小停机、空运转损失。

4）速度降低损失。

5）不良、手工修复损失。

6）开机损失。

（2）工时的 5 大损失

1）管理损失。

2）动作损失。

3）编程损失。

4）自动化转移损失。

5）测定调整损失。

（3）其他 5 大损失

1）能源损失。

2）成品率损失。

3）模型、工夹具、原材料损失。

4）下达指令损失。

5）等待损失。

2. 零损失化活动及提高设备综合效率的目标

1）持续提高质量（Q）。

2）完成生产计划（D）。

3）降低成本（C）。

4）防止灾害、保护环境（S）。

5）培养人才（M）。

1.3.5 消除设备 6 大损失的 5 大支柱活动

在推行 TPM 时，可通过综合推行以下 5 大支柱（活动）达到预期的目的。这里特别说明一下，TPM 大家知道的是 8 大支柱（自主保全、个别改善、计划保全、教育训练、安全 / 环境管理、质量保全、初期管理、间接管理），为什么本书要推荐 5 大支柱，是因为如果 8 大支柱全部推进，内容太多，不便于展开工作，因此我们根据实践经验，发掘了效果最好的 5 大支柱（自主保全、个别改善、计划保全、教育训练、初期管理）优先推行。

接下来简单介绍 5 大支柱的目的和推进者以及具体的活动内容。

1. 确立自主保全活动体制

（1）目的

1）培养设备意识强的操作者。

2）形成自己的设备要自己维护的准则。

（2）推进者　包括：操作者、监督者（班组长）、领导。

（3）具体的活动内容

1）进行以设备基本条件（清扫、点检、润滑、紧固）的维护为中心的日常保全。

2）为了彻底贯彻执行设备基本条件的维护，实施开展阶段性提高的活动。

2. 确立个别改善活动体制

大方向是先识别设备中的损失，然后对损失进行改善，这种改善是系统的，是对损失大的项目进行改善，而不是通过某点改善来有效体现财务指标。

（1）目的

1）避免设备的 6 大损失和其他损失，构筑设备运转的最佳状态。

2）提高设备综合效率，创造确保 QDC 目标达成。其中，Q 为质量（Quality），D 为交货期（Delivery），C 为成本（Cost）。

（2）推进者　操作者、监督者、工作人员（其他部门支援人员）。

（3）具体的活动内容

1）掌握设备的 6 大损失和其他损失的现状，计算出设备综合效率并制定目标。

2）彻底弄清设备应有的状态。

3）利用 PM 分析（指物理现象解析法）、QCC、IE 等方法，使制造、保全、技术各部门的相关人员团结一致，努力避免设备损失。

3. 确立计划保全活动体制

（1）目的　推进专业性、经济性的保全活动，以防止设备的 6 大损失和其他损失。

（2）推进者　保全部门的领导、监督者（班组长）、工作人员。

（3）具体的活动内容　计划保全是指设备部门有义务进行的保全活动，需要和制造部门协作致力于如下事项：

1）积极推进自主保全体制，对制造部门的委托事项给予积极配合，迅速而确实地处理制造部门所不能应对的部分工作。

2）掌握和改善设备的劣化部位。

3）从专业角度分析不良和故障数据，努力改善弱点，防止复发，从而延长设备寿命。

4）开发和引进设备诊断、修复整备等保全技术，力求达到设备的最佳状态。

5）推进保全费用管理、备品管理、润滑管理等管理业务。

6）加强并完善与这些活动相关的点检、检查、维护基准等保全标准化。

7）建立高效率可信赖的保全制度。

4. 确立教育训练活动体制

（1）目的　提高操作者、保全人员的技能水平。

（2）推进者　班组长、监督员、工作人员。

（3）具体的活动内容

1）关于操作者：要能配合正确的操作、设备维持和改善所需的技能培训，掌握用五感判断设备状况的能力。

① 设备操作培训。

② 设备点检等保全技能培训。

2）关于保全人员：进行旨在培养能够从容应对高度自动化设备保全的专业保全人员的培训。

① 根据技能提高策略实施专业保全培训。

② 关于机械、电气和设备个别专项技能课题等的培训。

③ 从保全的专业角度出发对操作人员的培训给予援助。

5. 确立初期管理（主要是保全预防活动）**体系**

因为设备的很多故障，行业中统计约 70% 的设备故障与设备初期管理没有做好有关。由此，行业中流行着一句话：在引进设备时，便宜的就是贵的，贵的就是便宜的。

（1）目的　引进最经济、最有效的设备，实现新设备的零损失起动。

（2）推行者　技术人员、保全人员（制造部门可参与进来担任设备操作便利性反馈工作）。

（3）具体的活动内容

1）为了达到原计划中设备的应有状态，使之接近理想状态，开展 MP 活动，逐渐打造出可靠性、保全性、安全性、操作性极高的设备。

2）制定从设备计划开始，经设计、制造、安装、试运转、正式运转直到设备稳定为止的设备引进各阶段所必须实施的管理项目，彻底按 PDCA（见 2.1.4 节）循环开展工作，打造出性能优良的设备。

① 设定可靠性指标等设备正式运转（起动）指标，研讨全寿命周期费用。

② 收集 MP 信息和有效利用的体系化。

③ 提出从设计到正式运转的各种问题，进行完备的作业。

④ 试产、正式运转的初期管理等。

1.3.6　关于 TPM 的预期效果

1. 可以消除设备的不良状况

经过小改小革的不断累积，减少污垢（问题），使设备更加整洁干净，逐渐取缔不良现象。

2. 培养对变化点察觉度高、对设备意识强的人才（人才进步）

1）改善质量得以提高（善于改善），改善的意识也随之提高。

2）活动小组变得活跃起来，养成自觉遵守纪律的习惯。

3. 使过去未能解决的课题得到圆满解决

通过减少不良和故障、延长刀具等零部件寿命、提高一次性合格品率等，提高生产率。

4. 优化对改善的思考方法及途径

优化实现零损失的思维方法和掌握追究原因的方法。

5. 变成盈利的现场

能降低成本，提高生产率。

6. 直接作用于新工艺的开发

促进新工艺和新技术的开发。

7. 一次性合格品的准备调试时间

8. 其他附带效果

可发掘潜在的人才，能强化与部下间的沟通。通过提高企业形象，成为企业对外宣传的媒介。

1.4　未来的设备管理

1.4.1　用设备管理引导实现精益生产中有关制造的应有状态

从大批量生产的特性出发，过去用于制造业的设备一直呈现出向自动化、大型化、高精密化、复杂化推进的景象。但是，我们预测在今后推行精益生产的过程中，需要更加高效简便的设备结构和更加高效密集的生产运营，设备管理也将越来越重要。

在努力实现制造应有姿态的基础上，同时也是为了更好地确保产品质量以满足顾客的需求，学习国际上通用的先进设备管理体系是有必要的。

为此，必须以用设备打造质量的活动为重点，积极努力地进行日益重要的设备管理。

1.4.2　以打造能迅速应对市场变化的设备为目标

随着客户对产品的需求逐渐趋向多样化，需要企业能够比过去更加从容地应对。

在这种状况下，重要的是尽可能快地准备设备，快速转向批量生产。

为此，为了快速进入设备高效运转阶段，必须在设备准备阶段积极融入以往的经验（顶尖技术），确保利用性能优良的设备，这需要与设备有关的各方面的人员都积极参与。

1.4.3　以通过零损失实现经济性设备管理为目标

在经济性地维持设备的过程中，一般来说，在大批量生产的情况下，通过批量生产降低成本（投入产出），在小批量生产情况下，通过避免损失降低保全成本（如何减少投入成本）的做法，成为关键性课题。

而且，除了关注不良和故障等显而易见的零损失，还要着眼于包括材料的损失和能源的损失在内的制造加工条件的最佳化，必须以在所有领域全部实现零损失为目标，确保设备的最佳状态。

为此，需要从设备制造阶段开始就努力防止发生各种损失，以及开发和运用有效的、设备保全所需的设备诊断技术等手段。而且，需要通过构筑管理设备所需的系统性机构，降低全寿命周期成本，尽量提高设备所带来的效益，必须制定具有挑战性的、更加经济的保全目标，用最小的投入换取最大的产出。

1.4.4　以造就设备意识强的人才为目标

我们已经提到今后设备的发展方向是更加有效和更加简便，但这并不意味着今后的设备只是一个简单的设备。虽然在表面上各种因素都趋向简单化，但也有一些其内容向高精密化发展的场合。这就需要操作者和保全人员都从自己的角度深入理解设备的细微领域，同时理解这些设备和系统之间的组合方法，充分挖掘设备的能力。

为此，需要通过日常的各种活动，在相互研究和探讨中加深对技术的理解，培养设备意识强的人才。

1.4.5　以人性化的设备为目标

考虑到每一个企业都应具有社会责任，设备生产需要将眼光投向"有益于地球""有益于社会"等方面，同时考虑到在企业工作的人员，从"易于使用，易于保全，安全、舒适"等观点出发造就人性化的设备。

为了达到这个目标，制造现场也应把这些当作自己的事情，为造就有效的"人性化的设备"进言献策。

第2章 TPM 自主保全和计划保全活动

随着技术的进步，设备也愈加复杂化。设备保养职能的重要性逐渐显现出来，以往生产部门只从事制造相关的作业，而对于设备的维护以及点检、润滑等一切与设备有关的问题，都被认为应属于保全人员的职责。事实上，日常只要作业人员略加留意，及时对设备进行润滑、清扫、紧固，即可预防故障发生。进而结合保全部门开展计划检修，可以切实保证生产线在任何条件下都能提供所需的产品。

2.1 保全管理概述

2.1.1 什么是保全管理

前面我们已经讲解了设备管理的整体概要，一般情况下，现实中都是长期使用一次安装、设置好的设备，保全管理的目标就是维护和管理这些设备，使其能为生产活动做出更经济性的贡献。本书的保全管理包含设备部门的计划保全与制造部门的自主保全。

2.1.2 保全管理的目的

保全管理的目的就是维持设备最佳状态，确保在任何时候设备都能根据生产线产品需要发挥全部的功能。需要注意的是，不能为了达到这个目的而无限制地增加设备费用，必须考虑怎么以最少的费用来达到这个目的。

从这个意义上来说，如图 2-1 所示，必须通过研究和实践摸索出合理设备管理的理想状态，使维护费用和因功能劣化（故障）而引起的生产停止损失费用之和

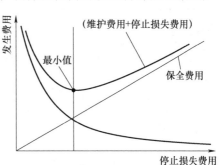

图 2-1　保全的合适实施度

达到最小值。

保全费用是指从事设备保全工作的工人的劳务费（内制及外制劳务费）和保全所需的配件、材料费以及生产停止造成的损失费用。为了用最少的费用开展保全活动，必须切实把握保全活动的周期和效果，选择适应现场的保全活动方式。

2.1.3 保全业务的分担

我们所使用的设备，随着技术的进步变得更加复杂，保全业务也朝着专业化进步。此前一直维持的制造部门专营制造，保全部门负责清扫、润滑等的保全作业体制，考虑当时背景也有不得已的一面。但是，在今天企业竞争日趋激烈的状况下，如果仅仅提高现有设备效率而不维持更高的生产性，将会沦为失败者。正因如此，到目前为止制造部门所抵触的清扫、点检、润滑等预防劣化活动，应重新定位为经常接触设备的制造部门的基本活动。现在的设备若没有制造、保全两个部门协作的话，企业想要提高设备运转效率和产品质量的目的是无法保证的。所以说制造、保全就像汽车的两个轮子的关系，加强工作联系是很重要的。

为了达成保全目的，实行设备使用人完全负责日常保全是很好的事，但事实上制造和保全部门之间有一定的职责划分，必须建立效率化、责任制保全活动体系。

由于每个企业的产品不同，所以使用具有各种不同功能的设备。讨论分担保全业务时，除了考虑设备的种类、生产体制、制造自主保全等，还应考虑人员培养及作业流程等，采取最有效的手段。

一般而言，在设备的日常保全（清扫、点检、润滑、紧固）及运转作业中与加工条件有关的业务基本上由制造部门来承担。

自主保全与计划保全责任分担实操样表，可参考表2-1制造现场与维修单位的基本业务分担，根据实际情况自行修改。

表 2-1　制造现场与维修单位的基本业务分担

活动分类	状态	实施的动作			基本业务分担		需要注意和修正的问题
		防止劣化	测定劣化	复原劣化	制造	保全	
维持活动	正常运转	正确操作			▲		
		换模、换线时进行调整			▲		
	日常保全	发掘、处置潜在的缺陷			▲	△	配管固定位置不恰当引起的漏油、漏气，配线相关部分的滑动、扭曲

（续）

活动分类	状态	实施的动作			基本业务分担		需要注意和修正的问题
		防止劣化	测定劣化	复原劣化	制造	保全	
维持活动	日常保全	清扫			▲		清扫困难点，切屑的飞溅，切削液的飞溅，不该有的异物、污染源
		润滑			▲		润滑困难点
		紧固			▲	△	行程开关紧固螺钉松动、接近开关紧固螺钉松动、光电开关紧固螺钉松动、链条松弛、皮带松弛，以及其他未拧紧的螺钉、螺母
		对使用条件进行日常点检			▲		气动三元件、气压表、油压表、油位、电流、电压、温度计、电接点接触器等点检困难点
		对劣化进行日常点检			▲		生锈、腐蚀、油的变质，泵、电动机、轴承等的发热、异音、漏油，皮带的龟裂
				小整备	▲	△	螺钉的磨损、三角皮带的损伤
	定期保全		定期点检		△	▲	不需要专门技术、用五感就可做的点检由现场人员做
			定期检查			▲	设备诊断
				定期整备		▲	
	预知保全		倾向检查			▲	对设备运行数据趋势进行分析
				不定期整备		▲	
	事后保全	在发现状况的早期迅速地进行处置、联络			▲		
				突发修理	△	▲	

19

（续）

活动分类	状态	实施的动作			基本业务分担		需要注意和修正的问题
		防止劣化	测定劣化	复原劣化	制造	保全	
改善活动	信赖性的改善	提高强度			▲	△	现场无法执行的由维修人员执行
		减轻负荷			▲	△	现场无法执行的由维修人员执行
		提高精度			▲	△	现场无法执行的由维修人员执行，改善对策，进行副作用研讨
	保全性的改善		状态监控开发		△	▲	现场无法执行的由维修人员执行
			检查作业改善			▲	
				维修保养作业改善		▲	
				维修保养质量提升		▲	

注：▲为主体业务，△为参考业务。

2.1.4 保全的 PDCA 循环

保全活动从设备面支持生产的输出，可直接适用于 PDCA 的管理。其重点如下：

1. 设定保全计划的基本保全标准（Plan）

将制造部门和保全部门各自担任的预防劣化活动、测试劣化活动、劣化复原活动、内容检讨标准化的同时，把保全计划确定下来。

2. 实施保全计划（Do）

以标准书为准实施定期检查、日常点检整备等保全作业。这时必须对班组长进行教育培训，委托相关工作部门给予技术支持或指导等。

3. 判定是否依照标准规定执行（Check）

确认依照标准规定执行的同时，判定预防劣化活动成果。

4. 根据确认的成果、检查制定新的保全标准（Action）

达成目标时，设定更高目标，另外还有不合格的话，针对不合格部分重新设定标准。

此外，需要改善的点和标准在设备计划部门以 MP 信息形式进行回馈（Feedback）、从源头进行标准化的工作也很重要。

上述 PDCA 的具体内容如图 2-2 所示，这是需要保全部门和制造部门协助进行的。班组长率先开展非常必要。

图 2-2　保全管理业务体系（PDCA 循环）

2.1.5　保全业务的评价

对于保全业务的评价，要深入了解保全活动实施效果，然后评定优、缺点。必须尽快将问题点加以改善。在评价过程中，应将输出（结果系）和输入（要因系）与保全费用关联起来，必须对费用投入所产生的效果反复论证，可参考表 2-2 保全业务的评价指标。

表 2-2　保全业务的评价指标

指标		评价项目	定义
要因系指标	经济性和保全性	保全费用	保全内制劳务费用 + 外制保全费用（修补用材料费 + 修缮费用）
		保全费用比率	（年度保全费 / 设备费用）×100%
		原保全费用单位	保全费 / 生产量
		计划保全率	［计划保全时间（PM+CM）/ 实际保全作业时间］×100%
结果系指标	经济性	设备故障停止所造成的损失	故障停止时间 × 时间费用（直接人工费用 + 能源费用）+ 报废损失
	信赖性	设备综合效率（OEE） 作业强度率（工作期间的有效工作时间） 故障率 不良率 平均故障间隔时间（MTBF） 平均修复时间（MTTR）	

2.2　TPM 自主保全活动概要

2.2.1　TPM 自主保全的基本活动

TPM 是指为了能够最经济、最高效地运转设备而开展的活动。其中包括防止设备不良和故障，一旦发现不良状况就能在最短时间内进行修复等，还包括设备从导入开始到废弃的全过程所开展的全部管理活动。

如上所述，TPM 能最经济地进行设备保全的活动，如果按保全方式进行区分，可由图 2-3 所示的基本活动组成。

1. 保全预防

为引进具备可靠性、保全性、安全性、经济性等高品质设备，从计划阶段起，收集、启用到报废为止每个阶段的技术信息并体系化。这项技术活动又称初期管理活动。

2. 改良保全

针对使用中的设备故障问题、质量问题等，有计划地进行提高信赖性、保全性、操作性、安全性、经济性等改善活动。

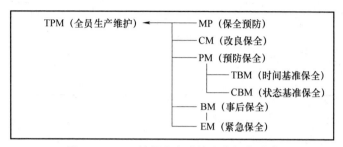

图 2-3　TPM 按保全方式的区分保全活动

3. 预防保全

为维持设备经常保持在正常、良好状态下，进行计划性清扫、定期检查、整备、调整、补充油料等，防范发生异常，定期检查时发现异常，要及时采取修复等预防措施。制造部门以设备运转基本条件整备措施为中心的日常保全也属于 PM 活动，有下列两种形态。

1）时间基准保全（Time Based Maintenance，TBM）。制定设备劣化周期，进行定期检查、整备，也称为定期保全。

2）状态基准保全（Condition Based Maintenance，CBM）。管理设备劣化倾向、预知使用年限，也称预知保全。

4. 紧急保全和事后保全

1）紧急保全（Emergency Maintenance，EM）。因故障及不良造成设备突发性停止（机能停止型故障）或机能减弱，实时施行的紧急处理和修复作业。

2）事后保全。避免生产（运作）中因设备不良造成紧急状况，计划性地进行修复作业。

2.2.2　制造现场的自主保全活动

以汽车保养为例，设备操作人员、保全人员与汽车保养和设备保全的关系见表2-3。

设备操作人员通过对设备的正确操作和基本维护来维持设备性能和延长使用年限。其中，设备操作人员的工作内容包括：

1）正确地操作，细心地使用。应遵守规定操作顺序，不要过度使用。

2）清扫干净。和汽车一样，设备也不能堆积尘土、灰尘、污垢。通过清扫可以发现破损、劣化、龟裂等平常不太注意的状态不良。

表 2-3　设备操作人员、保全人员与汽车保养和设备保全的关系

活动	汽车保养	设备保全
自己该做的事（设备操作人员），自主保全	洗车、打蜡、换机油、散热器水量确认、电瓶液补充等	清扫、点检、润滑、螺栓螺母紧固，有无异常的确认，小保养（交换作业），调整等
依赖专业人员做的事（保全人员），专业维修	年检、车检整备、大修理等	定期点检（年 / 次），定期保养、大修等

3）正确地润滑。和汽车的机油、蓄电池液一样，应及时、适量地添加规定的油类，不要过多也不要过少。

4）紧固。如果螺栓、螺母松弛，会导致设备噪声、振动以及破损。为了维持性能，需要紧固螺栓、螺母等。

5）不要在设备功能降低的情况下继续使用。

不要在压力计等仪器类失常或变形、破损、漏油、异音、过热、过负荷的状态下继续使用，尽可能自己来更换零部件。将自己所使用的设备的机能、性能充分地发挥，为了能正确运转必须对设备构造十分了解，在使用过程中尽早发现不良等问题。不放任异常不良，马上处理是很重要的。

设备操作人员对设备进行正确操作、基础维护，并及时发现异常和提前联络等，可确保设备的正常运行，犹如母亲照看孩子一样（见图 2-4）。

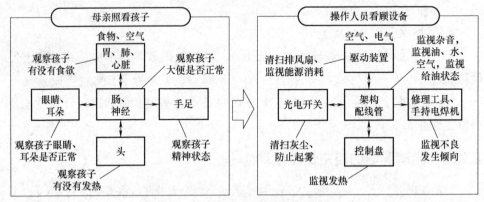

图 2-4　看顾设备如同母亲照看孩子

2.2.3　自主保全活动的三要素

自主保全活动是设备的健康管理，就像管理身体健康一样不让功能退却（见

表 2-4），好的设备健康管理需要进行设备自主保全活动，具有以下三要素：

1. 预防劣化活动

为维持功能、防止不良及故障，实施清扫、润滑、紧固螺栓等，称为预防劣化活动，就比如人们照顾身体，要从日常生活、饮食、运动等方面来维持身体健康。

2. 检测劣化活动

用设备检查测量仪器或利用人体五感去检查、调查日常不易察觉的部分，称为检测劣化活动。因设备状况必须分解、检查内部，就像人们进行健康检查时，医生通过仪器诊断身体不适以尽早发现日常不易察觉的病症，及早采取有效措施，其目的是尽早得到设备运转状态的准确信息。

3. 劣化复原活动

趁着设备还没有停止运转的状况下，更换状况不良部分、快速修理，称为劣化复原活动，其中包括分解整备和彻底检修，也与预防医学有相似之处。

表 2-4　设备健康管理预防

目的	预防维修	预防医学
实施预防，避免灾害发生	日常维护（预防劣化） 检查、诊断（检测劣化） 预防维修（劣化复原）	体力不下降（日常预防） 早期发现病症（定期体检） 知悉病症后尽快治疗（手术、调理）

2.3　TPM 计划保全活动概要

2.3.1　计划保全活动的定义

把以设备部门为中心进行的设备保全管理活动称为计划保全活动，或者称为专业保全活动。计划保全活动包括：有计划的保全活动和应付突发故障的非计划保全活动。计划保全就是要减少非计划的紧急保全，推进有计划的保全活动。

2.3.2　计划保全的目的

计划保全的目的，是降低维持设备生命周期的总成本，提高企业的生产能力，也就是说，以最少的成本发挥设备最佳的机能，主要表现在以下两方面：

1. 提高设备的信赖性

1）降低故障发生的频次。

2）减少调整次数。

3）降低短停的频次。

4）提高周期时间的稳定性。

5）降低不良发生的频次。

2. 提高设备的保全性

1）尽早发现故障部位。

2）尽早发现老化部位。

3）减少更换零部件的时间。

2.3.3 计划保全体系的内容

计划保全体系是由提高设备信赖性、保全性的活动和保全管理活动组合而成的。

1. 提高设备信赖性、保全性的活动

（1）固有活动

1）定期保全活动。

2）改良保全活动。

3）预知保全活动。

（2）新增活动

1）支援自主保全活动。

2）计划保全的 7 阶段活动。

2. 保全管理活动

1）保全计划管理。

2）保全数据管理。

3）保全备份管理。

4）保全费用管理。

2.3.4 计划保全的 7 阶段活动

计划保全活动分 7 个阶段（见表 2-5），第 1~3 阶段是减少机能停止型故障和强化预防保全的活动，第 4 阶段是延长设备 MTBF 的活动，第 5 阶段的重点是缩短 MTTR，第 6 阶段是减少技能低下型故障的活动，重点研究设备极限使用的诊断技术，第 7 阶段是设备的全面水平展开。但目前真正推行计划保全 7 阶段活动的企业不多，因为在推行该活动前，需要做好设备年度维保和故障分析等基础管理工作。

表 2-5　计划保全的 7 阶段活动

零故障的步骤		制造部门的职责	保全部门的职责
1）过去的故障整理	● 按再发、突发分类 ● 按难易度分类（自主保全是否可行） ● 按发生部位分类 ● 按故障类型分类	● 把握制造责任的错误及处置（教育、防呆措施等） ● 用自主保全方法处理今后故障	● 根据保全记录，整理出再发故障 ● 已经采用临时处置的，进行永久对策
2）故障解析和总点检	● 修正再发故障的解析 ● 新故障的彻底对策	● 解析自己引起的故障问题 ● 反复问为什么 ● 类似设备的点检及原因纠正	● 彻底进行解析与指导 ● 确认修理错误及处置 ● 技能教育训练
3）排除强制劣化	● 劣化复原	● 进行彻底清扫，发现异常 ● 基本条件配备（根治污染源、排除强制劣化、润滑、紧固） ● 使用条件的学习	● 异常管理指导 ● 使用条件的整理和指导 ● 排除目视不到部分的强制劣化 ● 早期修复明显的劣化
4）弱点研究		● 改善使基本条件容易维持的方法（发生源对策、困难点对策）	● 整理并修正设计上的弱点 ● 寿命延长对策的检讨 ● 机构改善
5）基准书的制订及管理（含不良、故障排除方法）		● 自主保全基准书的制订 ● 根据确认清单点检及修复劣化现象 ● 根据设备总点检发现异常，并修正	● 制订定期保全基准书（各设备、构成部件的寿命的把握）和复原劣化 ● 明确设备精度和质量特性之间的关系
6）保全的效率化		● 充实目视管理	● 提高保全性
7）预知保全的展开		● 监视简易诊断机器状态和倾向管理	● 使用精密诊断机器 ● 把握劣化和预测寿命

2.3.5 计划保全的内容补充

1. 改良保全活动

用来弥补一些设备机能上的问题或者缺陷的改善活动称为改良保全活动。

2. 改善主题的确定

将问题点按照信赖性、保全性、自主保全性、操作性、安全性等进行分类，列出改善的主题，具体内容如下：

1）信赖性的改善主题。对故障频繁的设备优先进行改善；对质量不良多发的设备，要考虑把不容易改善调整的列为改善主题。

2）保全性的改善主题。对故障不容易被发现的部位进行改善，应将零部件更换困难的列为改善主题。

3. 改良保全的活动方法

1）日常改良保全活动现场自主管理活动提出事项在进行改善、突发故障应急处理后，必须研究再发防止的改善对策。

2）重点改良保全活动应有计划地制定每年和每月的改善主题，并与PM日历（指从年度维保计划中找出每个月需要保养的项目，在这个月中每个项目暂列在每周或每日保养的日程表中）一起实施。利用节假日、换线时间或其他停机时间进行设备或零部件的改造。

2.4 设备管理各活动之间的关联

前面对保全活动进行了简要说明。在此将各自的活动关系和全体的联系进行了系统整理，设备管理各活动之间的关联如图2-5所示。关于基本业务分担中的制造、保全、技术，需要根据企业的情况进行调整，以TPM 5大支柱活动为基础来进行设备保全活动。

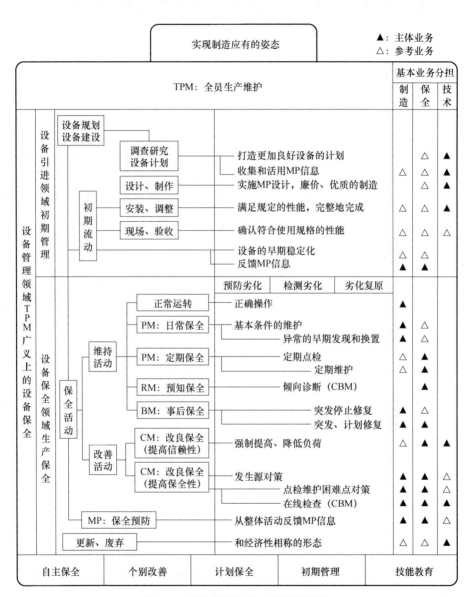

图 2-5　设备管理各活动之间的关联

第3章 TPM 自主保全的管理方法

设备的复杂化，保养机能的细分，造成了制造部门只从事制造工作、保全部门只负责设备的维护修理的状况，因而成为设备效率化的最大阻碍。为改善此种企业体质，有必要从自主保全开始改变这种想法，在全员范围内形成"自己的设备自己负责"的观念。让每个设备操作者都掌握和熟悉自主保全的"技能"，提高企业竞争力。

3.1 概述

所谓自主保全，是指摆脱"我是管制造的，你是管修理的"的观念，以"培养爱护设备意识强的操作人"和"自己的设备自己维护"为目标，以制造现场的所有人员为主体自觉进行的设备维护活动。

在生产活动过程中，管理人员、班组长等基层管理者应以身作则，引导设备操作人员产生自主管理的欲望，彻底实施清扫、点检、润滑、紧固等设备基本条件维护，进行自主性管理，保持设备性能处于完好状态，推动对潜在不良问题的预防措施，防止故障的发生，提高技能和设备维护意识。

3.1.1 推行自主保全的思路及方法

1. 推进制造自主保全的基本思路

1）通过初期清扫使设备发生改变。

2）人发生改变。

3）现场发生改变。

2. 需要明确的观点

为了能够做到以上改变，必须强调以下观点：

1）清扫就是点检。

2）点检的目的是发现微缺陷和不良的状态。

3）不良状态就是需要修复和改善的部分。

4）亲自动手修复和改善就会获得成果。

5）成果就是达到目标，就会有收获的喜悦。

在确保安全的前提下，从清扫开始入手，从接触设备、认知（理解）设备的过程开始。在逐渐了解设备的过程中，通过保持"这个好奇怪，怎么和往常不一样？"等意识来发现异常。然后，进一步向着对异常进行处置、研究防止异常发生的方法、设定正常和异常判断标准的方向扩展。也就是说，通过这些行动的展开，我们逐渐意识到"设备正在改变"，并认识到维护管理的重要性。我们能够切实感受到这种意识的变化及其带来的成果，从而改变人们的意识状态，并自然而然地带动现场环境的改变。灵活运用这些方法，就能够逐渐形成强健的现场体质。自主保全流程如图 3-1 所示。

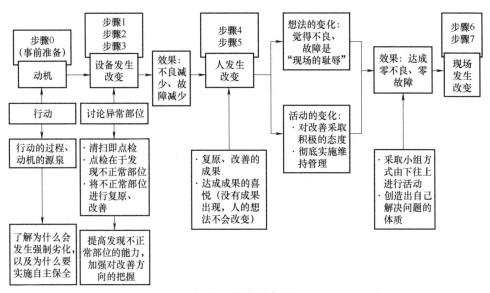

图 3-1　自主保全流程

通过现场保全活动的开展，培养"设备维护意识强烈的操作者"，使其渐渐掌握设备维修技能，进一步培养"复合型多技能"的人才，是自主保全活动所追求的目标。

3.1.2　自主保全中操作者的条件

表 3-1 介绍了善于操作设备的操作者的 5 种能力，这并不是一朝一夕可以做

到的。需要认真实施自主保全活动，不断提升有关设备的知识及技能，才能从根本上对设备进行维持和改善。

表 3-1　善于操作设备的操作者的 5 种能力

能力	具体内容
发现异常能力	具有发现因设备的振动、异音、发热、磨耗等可能会引起的不良、故障的能力
处置修复能力	短时间内可以修复所发现的异常，或者联系上级或保全一起处理的能力（重点培养自己修复异常的能力）
标准设定能力	是管理设备的基础，指能够定量地设定标准，用以判断设备重要部位（与质量、安全相关）是否处于正常状态的能力
维持管理能力	实施重要部位的清扫、润滑、紧固，检查确认需要管理的重点部位的活动是否满足判定标准，并进行维持管理的能力
设备改善能力	了解设备的构造及机能，实施设备各项机能的维持与改善，并延长其寿命的能力

3.1.3　制造部门自主保全活动的任务与范围

在自主保全活动中，制造部门与保全部门的任务分担如下：

1. 各部门的任务

（1）制造部门

1）设备的日常管理（清扫、点检、润滑、紧固）是制造部门生产活动的出发点，用设备来保证产品质量以及维持设备正常转动的工作是制造部门基本的业务（不能把它当成从保全部门接管过来的业务）。

2）设备操作者必须学会设备的日常维护管理技能，以成为精通设备的操作者为目标。

（2）保全部门

1）从专业的角度出发，以设备为中心确保产品质量，开展维持管理、故障修理、定期维护、性能测定等活动。

2）致力于提高设备可靠性、保全性，导入性能优良设备的初期管理活动等业务，提高必要的保全技能。

3）迅速响应制造部门在设备日常维护管理所需的保全技能及知识培训等方面的需求，并提供相应的援助和执行委托任务。

4）从维持和提高技能水平、实现保全业务效率化的观点出发，由保全部门集中开展专业的保全业务。

2. 制造部门自主保全活动的范围

制造部门可根据自主保全活动的进展情况、点检技能、设备、工序的特性以及整体的作业效率等，逐一确定自己的工作范围，并在力所能及的范围内，成为自主保全活动的实施主体。

（1）维持设备运转所必要的日常维护管理作业

1）清扫点检、润滑、紧固、调整等基本条件的维护与易耗件的更换等。

2）设备异常（不良、故障、小停机等）的发现及修复，简单的设备小改善。

3）通过初期清扫找出污垢发生源和困难点，并针对问题进行改善，编制、修订与上述作业内容相关的标准书，正确记录设备运转数据等。

（2）遵守与质量、运转条件相关的管理标准作业

1）与加工条件有关的项目：焊接条件、模型成形条件、机械加工刀具切割条件、喷涂附着条件等。

2）与运转条件有关的项目：工业机器人、遥控装置的培训等。

3）其他与质量、运转条件有关的工具、器具类的整备管理作业相关的装备、仪表、工装夹具的精度维持管理等。

3.1.4　体会 TPM 自主保全活动的哲学

1. TPM 活动的核心

TPM 活动的核心是改善设备、人、企业的体质。

2. TPM 活动必须树立的思考方式

1）清扫就是点检（不是单纯的清扫，要抱着能够发现不良状态的心态进行清扫，5S 的清扫是为了美化环境，TPM 中的清扫是为了发现异常状态）。

2）点检就是发现不良状态（应培养发现不良的积极性）。

3）不良状态就是需要修复和改善的部分（先恢复到原来的状态，然后考虑再发防止对策，并实施改善）。

4）修复和改善就会得出成果（排除损失，提高生产率，减少不良和安全事件）。

5）成果就是达到目标的喜悦（只要有成果，班组长、操作者就都能变得轻松）。

3. 自主保全活动的终极目标

追求零损失活动是自主保全活动的终极目标，包括：

1）零灾害。

2）零不良。

3）零故障，指关键设备的零故障，并不是指所有设备的零故障；在实际生产现场中以单独关键设备或生产线某一时间段零故障为目标。

4. 自主保全活动也是一种人才训练活动（发掘→培养→活用）

1）自主保全活动是必须俯下身子弄脏双手、花费精神、亲自体验保养设备的活动，有了这样亲身的体验，人才会自我改变和成长。

2）通过亲手完成改善来提升技能。

3）向班组人员传授点检知识和保全技能来提升班组长的能力。

4）通过不断学习理论知识和活用解析方法（常用解析法：QCC、PM 分析，详见 4.7.1 节 PM 分析）来提高问题分析能力和改善的能力。

5. 自主保全是由结果系到要因系的管理

1）尽早发现异常，尽早做出对策。

2）维持正常的状态。

自主保全是一种和领导层指导并行、自上而下相结合的管理活动，是阶段性开展的活动。自主保全阶段诊断可成为从现场点检找出推行中的不足并进行改善的活动，分阶段夯实基础，使活动可以有效地持续开展下去。对结果采用目视化管理，可以清晰地掌握活动状态，尽早实施管理对策改善。

3.2　TPM 自主保全的推行

3.2.1　自主保全基本活动的推行方法

为使自主保全更加充实，应将设备与人员按阶段分别提高水平并逐步经过诊断后，以职务编制为主予以展开。为构建高生产率的设备体系、培养对于设备专精且具有自主管理能力的人才，按自主保全展开的 7 个步骤予以推行。

1. 展开自主保全的 7 个步骤

自主保全展开的 7 个步骤（见 3.2.2 节），由三个阶段组成。

（1）第一阶段　步骤 1~ 步骤 3 的活动，通过以设备的清扫点检为中心的活动，彻底地整备设备的基本条件，是建立其维持体系的阶段。自主保全活动展开的过程，是设备改变的过程。

1）清扫就是点检。

2）点检是为了发现异常情况。

3）异常情况，必须进行复原改善。

了解上述步骤，并亲身体验其各种辛劳，思考为何要这样做，是一个重要的过程。在基本条件的整备中，清扫点检、润滑、紧固三个要素是防止劣化的最少必要条件，亦为所有 PM 活动的基础。

（2）第二阶段　步骤 4、步骤 5 的活动，实施设备总点检技能教育与点检，使其从防止劣化的活动发展至测定劣化的活动，这个阶段主要是：

1）劣化的复原改善，也就是成果。

2）成果，就是达成目标的一种喜悦。

3）亲身去体会，根据所学的原理，凭借五感进行日常点检，并进行确认，从而成为对设备真正内行的工作人员，进而以积极的态度致力于改善。

工作有了成果，可使人的想法改变，将不良、故障的发生视为“现场的耻辱”，这是建立自主管理体制的重要阶段。

（3）第三阶段　步骤 6 和步骤 7 的活动，即完成标准化与自主管理的阶段，对于提升操作人员管理技术、扩大自主管理的范围、提高目标意识、重视保养成本、学会设备小修理等保养技术有很大帮助。经由此阶段，可使操作人员与现场都有很大改变，从而形成自主管理的现场。

2. 阶段性地推行

为了实现以零损失为目标的设备应有状态，将自主保全活动划分为几个阶段并确保每个阶段的活动执行到位，等达到阶段设定的目标时，再向下一个阶段推行。

以各阶段的基本活动项目或水平为标准，不断研究适合于各车间的诊断、评价内容，以能切实指导车间开展活动为宜。

3. 实施阶段性诊断

每一个阶段的活动项目，以所定的诊断项目为基础，接受是否达到合格标准的诊断，诊断结果合格才可以进入下一个阶段，而不是依据推行活动的周期。

诊断流程先在小组内部由组长（进行）诊断，要达到 90 分；此外还要接受优点或应改善点的建议（指出改善的方向），从而提高活动的活力。之后，再提请至公司级负责人（部长、厂长等）进行诊断（公司级诊断项目与小组内部的项目是一致的），分数达到 80 分及以上为合格（注：自主诊断表中的项目要根据企业的情况进行调整，表 3-2 自主保全阶段诊断表仅供参考）。

4. 在上级的指导下推行

自主保全是一种融合了领导自上而下、小组成员自下而上的方式的活动。

表 3-2 自主保全阶段诊断表

自主保全 诊断表 (设备工程)

步骤 1 (清扫点检)

工程名		线体名	
诊断日期		诊断员	

1. 诊断要点
① 体会"清扫 = 点检"。是否一边清扫一边去发现设备的不良、微缺陷并挂上标签? (挂标签)
② 是否从设备周边将不明、不要、多余的"物品"整理出去? (5S)

2. 诊断项目

		诊断项目	充分	良好	普通	不充分
设备保全	1	设备的可动部位以及加工点无铁屑、劣化;挂标签	10	8	6	2
	2	机器类、配线配管类无劣化、不良以及脏污;挂标签	10	8	6	2
	3	油压装置、润滑装置、气动控制装置无脏污、无不良;了解适当的设定值;挂标签	10	8	6	2
	4	冷却液、铁屑没有弄脏设备本体、电气设备;挂标签;在设备内部无零部件、不必要的物品	10	8	6	2
	5	所有应该加油的地方都已经加油,不能加油的地方挂标签	10	8	6	3
	6	地面上无油、冷却液、铁屑飞散;挂标签	10	8	6	2
	7	操作盘以及设备上的灯泡、按钮无破损;挂标签	10	8	6	2
5S	1	在工程上无不明、不要、多余的物品,夹具、工具、零部件、清扫用具整洁	10	8	6	2
	2	零部件设有放置在通道上;零部件的放置区域有划线标记	10	8	6	2
	3	工程内照明、工具、检查用具的外观上无脏污、性能不良	10	8	6	2
	4	作业区域、通道不脏污,没有不需要的物品	10	8	6	2
	5	休息区域的桌子上做好整理、整顿,没有不需要的物品	10	8	6	2
	6	作业人员应遵守公司内部的安全规范	10	—	—	2
活动看板	1	了解年度的整体计划、具体的活动目标、管理项目的月度进展;了解步骤 1 的计划、实绩	10	8	6	2
	2	有月度详细计划,每个人所负责的设备、应该做的工作都要明确	10	8	6	2
	3	掌握用于追踪问题的标签的进度;制作标签内容一览表,标签内容分层别表示	10	8	6	2
	4	制作并活用所发现的不良、问题点的单点课程	10	8	6	2
	5	进行线体整体的损失分析,获取 6 大损失的数据,重点设备的设定理由要能够通过数据了解	15	8	6	2
	6	进行重点设备的 6 大损失分析,并决定目标值;有活动计划,要能了解月度的推移	15	—	—	—
不充分栏即使只有 1 个项目也视为不合格			160 分以上合格		/200	

诊断人评语

5. 活用活动看板

通过看板可以了解活动的现状或今后的课题。

6. 活动要与工作绩效直接关联

如果自主保全活动只是为了装门面、走形式，不注重日常管理就会走样。活动结果必须与工作绩效相关联，以推动解决工作中的具体问题。

7. 明确活动对象设备

明确重点线体、重点设备的评价标准，从 Q（质量）、D（交货期）、C（成本）、S（安全）、M（士气）5 个方面选取（具体参考 3.3.2 节的内容）。全体员工应明确业务分担，彻底投入到活动中。

8. 活动工具活性化

1）充分利用自主保全的"三件法宝"：活动看板、单点课程、小组会议。

2）基本活动账票的活用。

① 活动计划：年度计划及各阶段实施计划等。

② 活动记录、问题点一览表及故障分析表。

③ 改善记录、管理曲线图（成果指标记录）等。

④ 从不良与故障中学习自主保全知识，活用活动看板（布局式样）。

9. 施行传达教育（单点课程）

在自主保全活动中，很重视传达教育，由团队领导者接受知识教育后向团队成员传达学习内容。传达教育开展的方法以单点课程最为有效。

10. 举行交流会议（工作场所）

为了小组活动活性化，应召集小组成员集中进行交流，讨论活动开展的效果，为设备的改善出谋划策。

11. 推行自主保全启蒙活动与活性化特别活动

通过自己能够组织的活动和工厂层面组织实施的活动等推行活动的活性化。

1）参加研讨会、充分利用自主保全推行手册、重点训练活动等。

2）科长、部长、厂长巡回指导等。

12. 活动时间效率化

没有必要千篇一律地设定活动时间，应依据车间的特性或活动阶段水平，在有限的时间内策划更有效果的活动。自主保全活动是工作的一部分。

例 1：每天实施一点点（10min 点检方式）。

例 2：集中在一周的某个时间段实施（改善或需要一定时间的清扫、点检）。

例 3：有效利用生产线等待物资或长停机故障修理的时间。

3.2.2 自主保全活动阶段概述

自主保全中的阶段活动通常以 7 个步骤来进行，见表 3-3。

表 3-3 自主保全的 7 个步骤

自主保全活动展开（设备）					
步骤	名称	活动内容	目标		推动时的指导
			设备	人	
步骤 1	初期清扫（清扫点检）	1）以设备本体为中心，对于灰尘、污垢进行全面排除 2）进行润滑、紧固，指出设备的微缺陷，并加以复原 3）撤除不要的物品，夹具、备品的整理、整顿	1）防止因灰尘、污垢导致的强制劣化 2）经由清扫找出潜在微缺陷，并予以复原 3）找出难清扫的部位 4）撤除设备周边的不要物品 5）适当地注油	1）接触设备，养成对于设备的爱护心 2）培养能发现设备不正常的能力 3）认识清扫的重要性	1）指出应清扫的重要部位并指导 2）指导，强调清扫的重要性 3）制作诊断表 4）有关操作与责任分担事宜
步骤 2	发生源、困难点对策	1）实施防止灰尘、污垢、泄漏等发生源扩散的对策 2）实施清扫点检困难点的对策（缩短清扫、润滑时间的改善作业） 3）日常检查中，重点部位优先 4）整理改善内容与效果的确认	1）改善发生源、困难点，使其成为易于进行清扫点检的设备 2）提高其保全性	1）从身边着手改善，学习改善设备的方法，以增进技术能力 2）享受改善的乐趣	1）改善设备的方法 2）标准类的制作方法 3）实施目视管理与技能指导
步骤 3	制作自主保全暂定标准	1）制作自主保全短时间能维持清扫点检、润滑、紧固的行动标准 2）改善点检与目视管理，使其更容易进行	设法维持保全设备基本条件的清扫点检、润滑、紧固三要素	1）自己的决定，自己遵守 2）自己体会对于责任的意识	1）标准类的技术、技能 2）检讨设备应有的状态

（续）

步骤	名称	活动内容	目标		推动时的指导
			设备	人	
			自主保全活动展开（设备）		
步骤4	总点检教育	1）依据点检手册，研习点检技能 2）总点检项目的摘出与复原 3）制定自主点检标准	1）进行设备外观总检查，进行劣化复原，提高信赖性 2）处理不正常部位与改善点检困难部位 3）点检的效率化	1）体会点检技能 2）熟悉设备的功能、构造 3）学习资料的归纳与活用方法 4）通过改善活动，促进活性化 5）学习教育训练与传达的重要性	1）制作总点检训练教材 2）建立教育训练日程 3）实施领导人教育 4）教育训练的追踪 5）制作总点检手册、查核表
步骤5	自主点检	1）检讨清扫、润滑、总点检标准的综合性，以促进活动的效率化 2）制作自主点检查核表与实施 3）改善目视管理，设法提高操作性	1）经过总点检，确实地维持劣化的复原状态 2）改善为操作性优良的设备	1）自己的设备由自己维护 2）由自己制作标准，自己实行 3）学习自主管理应有的状态	1）指导资料的完全分析方法 2）有效率的设备管理应有的状态与保养方法
步骤6	标准化	1）编制管理对象项目 2）促进管理项目的标准化与维持管理的系统化	1）提高设备的可靠性、保性、操作性 2）审查设备及其环境、配置并进行改善	1）管理技能的提高 2）扩大自主管理的范围 3）目视管理的贯彻	1）指导标准化的技术等 2）管理标准的修订与贯彻
步骤7	彻底实施自主管理	1）落实公司方针，展开改善活动 2）落实MTBF分析记录（故障的记录）以提高设备的改善	1）根据对各种资料的分析，改善设备以提高设备的可靠性、保全性、操作性 2）维持设备综合效率至最高	1）提高目标意识与成本意识 2）体会简单的修理由自己处理的方法 3）学习资料的记录、分析、改善技术	1）对于改善设备的技术支援 2）改善内容的标准化 3）修理技能的教育训练

3.2.3 自主保全活动的 4 大工具

前文（见 3.2.1 节基本活动的推行方法）已简要介绍过推行自主保全的工具，这里将进行详细介绍，请当作活动的参考。

1. 活动看板

为了有效地推行自主保全，活动看板的活用是不可缺少的。它可以用来一边规划现场管理全体的活动内容及整合性，一边规划各车间的活动。

（1）活动看板活用的目的　活动看板并非只是一个揭示板，它是开展活动的工具，可以更加清楚地表示活动方针或思路、活动小组的现况、今后的课题或与其他小组间的关系。

（2）活动看板示例

1）实行计划，包括活动方针、目标、重点方策、年度活动计划、阶段实行计划、当月度重点课题。

2）活动实绩、延伸出来的问题点、不良状况发掘及对策。

① 活动实绩（时间、人员、做何事、所需时间等）。

② 问题点、不良状态发掘及对策状况。

③ 单点课程教学情况等。

3）管理指标。

① 设备综合效率、质量（不良率、不良件数）、故障（故障件数、故障强度率）。

② 成本（工时、直接材料、间接材料、能源等）。

4）改善内容。

① 改善前后的状况、实施日、效果。

② 重点课题与个别改善的实施状况。

5）各阶段活动内容示例。

阶段1：清扫时间、清扫前后的状况、不良的发掘等。

阶段2：脏污发生源、清扫点检困难点对策的计划、实施状况等。

阶段3：清扫、点检、编制润滑标准书、落实计划及实施状况标准书初稿、检查计划表的实物等。

阶段4：总点检教育的计划、实施状况。总点检教育资料汇入总点检的实施计划、实施结果、对策状况等。

阶段5：正式标准书、检查计划书的编制，计划与实施的状况业务分担一览表，编入自主保全的计划、实施状况等。

图3-2所示为活动看板示例。

2. 单点课程

（1）单点课程的种类

1）与基础知识有关的内容：包括各阶段活动内容等。

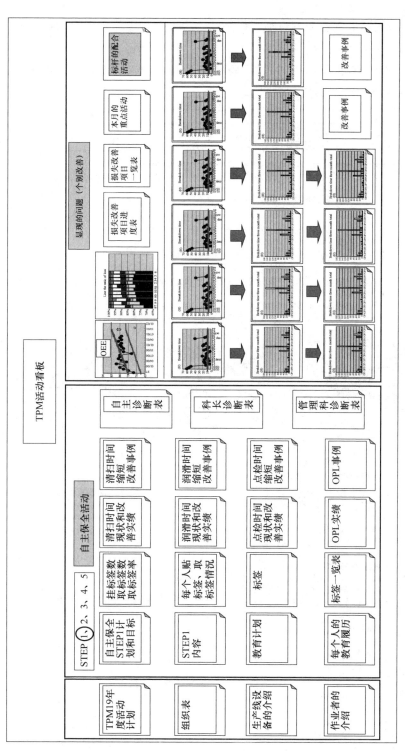

图 3-2　活动看板示例

2）与问题事例有关的事项：包括从不良和故障中学习出现问题的原因，并加以解析。

3）与改善事例有关的事项：可从不良状况的根本对策记录等入手加以学习。

单点课程（OPL）示例如图3-3所示。

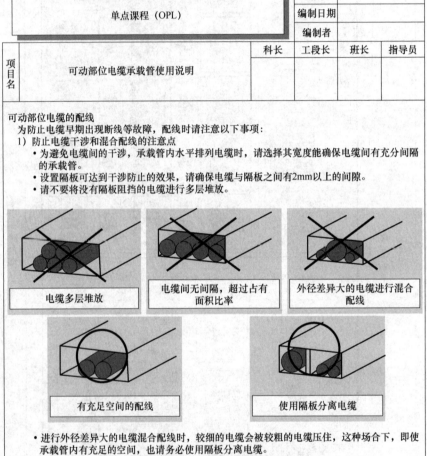

单点课程（OPL）		编号			
		编制日期			
		编制者			
项目名	可动部位电缆承载管使用说明	科长	工段长	班长	指导员

可动部位电缆的配线

为防止电缆早期出现断线等故障，配线时请注意以下事项：

1）防止电缆干涉和混合配线的注意点
- 为避免电缆间的干涉，承载管内水平排列电缆时，请选择其宽度能确保电缆间有充分间隔的承载管。
- 设置隔板可达到干涉防止的效果，请确保电缆与隔板之间有2mm以上的间隙。
- 请不要将没有隔板阻挡的电缆进行多层堆放。

电缆多层堆放

电缆间无间隔，超过占有面积比率

外径差异大的电缆进行混合配线

有充足空间的配线

使用隔板分离电缆

- 进行外径差异大的电缆混合配线时，较细的电缆会被较粗的电缆压住，这种场合下，即使承载管内有充足的空间，也请务必使用隔板分离电缆。
- 与气管等较硬部件一起混合配线时，务必使用隔板进行分离。

2）电缆承载管破损时，也需要同时更换其内的电缆，因为过剩的压力可能已经对电缆造成损害。

培训记录	实施日期	月	日	月	日	月	日	月	日
	讲师								
	听课者								

图3-3 OPL示例

（2）开设单点课程的目的

1）达成设备相关信息、问题点的共有化。

2）缩短问题再发时的停止时间。

3）缩短问题原因追踪的时间。

4）实现每个人的知识、信息的共有化。

（3）编制方法

1）决定主题（在每一次适当时机编制）。

2）10~20min 内完成，字迹清楚，配以图或漫画。

3）保持一天编制一张，并且务必由体验者来记录。

4）以登记号码顺序进行管理（编制张数也一并管理）。

（4）活用方法

1）把自己当成讲师一样学习（其核心是通过将所学知识以简明易懂的方式解释给别人，从而加深自己对知识的理解）。

2）按计划开展短时间的教育。

3）反复练习，直到学习者彻底掌握。

4）培训时随机提出问题，加深理解。

5）彻底施行后，要完整地填入标准作业书。

3. 向不良及故障学习的自主保全

（1）目的

1）对于发生的不良或故障等造成的损失，调查其发生的过程，反思哪些是自主保全应该做的，做的效果如何，进而加强设备自主维护。

2）亲自参加设备状态不良源头管理或再发防止的对策研讨活动，充实日常检查内容，更进一步着手改善，消灭不良或故障。

3）通过活动来提高制造与保全的联系。

（2）具体的推行方法

1）对设备的理解达到一定程度后，将重点放到设备基本条件的整备上（清扫、点检、润滑、调整），不断重复 PDCA 循环。

2）应针对每一个不良情况，通过 "WHY-WHY" 分析反问自己，直到疑问消失为止，深层次地挖掘下去，直到找到真正的原因（设备与人的要因同时分析，人的要因即管理层面要因）。

3）开展活动时，积极与保全部门联系，即便是由保全部门实施不良情况的整改对策，也要通过这个活动将对策内容变成自己的东西。

4）把底稿编写成手册，活用在单点课程中的传达教育，以及点检标准及个别改善中，等等。

4. 改善工作场所

为了便于自己实施的小改善，一个轻松活用的改善场所是必要的；和相关部门配合进行的同时，获得保全部门的支持和协助也是必不可少的。例如，需要用到焊接作业或其他需要作业资格证的特种作业，在安全管理上需要充分确认。

3.2.4 自主保全培训

在推行自主保全时，应和车间的技能培训体系并行。为了提升设备维护管理技能，以下面的教育内容为基础开展。

1. 自主保全培训的目的

1）通过自主保全活动，使全员从活动中掌握发现问题、解决问题的方法的同时，拓展自己工作的范围并培养能够应对变化的体制。

2）管理者要在坚持"零不良"和"零故障"信念的同时，提高指导、部署活动的能力。

3）班组长要在坚持自己片区的问题自己解决的信念的同时，培养善于操作设备的人才和提高自身的领导能力。

4）操作人员要在自己的设备自己维护的观念下，以精通设备为目标提高技能。

5）保全人员以及管理人员应掌握专业技能、技术，培养应对新设备导入期或高自动化设备以及预知保全等专业能力，并支持制造部门的维护技能的提升。

2. 自主保全培训内容

下面以表 3-4 操作人员保全技能培训的构成为例介绍自主保全培训内容。

表 3-4　操作人员保全技能培训的构成（示例）

培训	教育内容
总点检培训	1）自主保全步骤 4 的活动即实施设备总点检技能的培训 2）详细参考设备总点检的推行方法（可参考 3.3.6 节的内容）
保全技能中级培训	1）提高自己可以应对越来越高自动化、复杂化的设备的异常发现和修复能力，不断扩充学习各种保全维护知识、技能 2）必须学习职场需要的自主保全点检、自主管理方法
设备诊断技术培训	1）在诊断技术的基础内容上，加上振动分析，将设备的状态切实、科学地把握住，尽早地把握异常或劣化，与预知保全活动紧密连接起来 2）在质量保全的维持管理上，利用振动分析，落实倾向管理，实现"零不良"

（续）

培训	教育内容
固有技能培训	1）为了应对在设备总点检中查出的缺陷，掌握必要的修理技能 2）取得修理方面必要的各种资格证书，通过亲自修复及改善来落实"自己的设备自己维护"的观念，并将其作为个别改善活动的一部分

3.2.5　管理者在推进自主保全活动中的作用

1. 推行自主保全的注意事项

1）明确推行活动的目的及要点。

2）活动目标与公司的经营方针一致。

3）明确设备应有的状态。

4）表现出争创第一和以身作则的姿态。

5）展现部长、科长的行动力、指导力及工作热情。

6）与工作人员互相合作。

7）将第一线（作业员）当成主要角色。

8）鼓励全员参加，明确责任分担。

9）推行个别改善并做出成果。

10）以自己车间内的特征为基础，做出引以为豪的特色活动（如一周一台设备，深度发掘保全活动，找出设备微缺陷）。

11）明确现场与活动相关的指标等的用语定义。

2. 推进过程中的建议

（1）管理人员（科长、部长等）必须亲自接触设备

1）选出模范生产线，感受 TPM 每个阶段的活动效果。

2）如果不亲自体验，就不能对活动过程进行指导，只能做出简单的强制式命令，不能给予改善方向的提示。

（2）让设备操作者尽早体验到成功的喜悦　故障减少了、没有脏污了、效率高了、不良品减少了等（班长不批评了，奖金也增多了）。

（3）研讨如何挤出活动时间　在设备高负荷运转的环境下很难挤出活动时间；必须首先考虑改善，然后再挤出足够的时间。

一定会出现活动积极的小组和消极的小组，要有意识地将活动开展得好的小组作为改善模范，每个车间要树立一个典型；同时，对于消极小组推行不足的地方，请管理者过来"指导"。

（4）彻底实施　实施过程不能半途而废，应该一台设备一台设备地实施下去，不能蜻蜓点水，没有彻底搞好就开始下一台。

3.3　TPM 自主保全的具体活动

3.3.1　各项活动内容与活动阶段的关系

自主保全的具体活动项目与活动阶段（7 个步骤）的关系见表 3-5。

表 3-5　自主保全的具体活动项目与活动阶段的关系

序号	具体的活动项目	自主保全活动阶段						
		1	2	3	4	5	6	7
1	重点设备的选定方法	—	—	—	—	—	—	—
2	设备清扫、设备基本条件整备的方法	○	○	○	○	○	○	○
3	发生源、困难点对策的进行方法		○	○	○	○	○	○
4	自主保全基准书的编制方法			○	○	○	○	○
5	设备总点检的进行方法				○			○
6	目视管理的进行方法	（○）	（○）	○	○	○	○	○
7	润滑管理的进行方法	○	○	○	○	○	○	○
8	5S 活动的进行方法	○	○	○	○	○	○	○
9	改良保全：设备个别改善的进行方法	（○）	（○）	○	○	○	○	○

注：— 表示不在阶段内，○ 表示阶段内必须展开的活动，（○）表示阶段内部分展开的活动。

3.3.2　重点设备的选定

掌握重点设备选定这项技能并优先实施，是自主保全活动中最重要的环节之一，因为设备在不断老化，但又要求不断提升生产率，如果选择的设备不是重点设备（也称模范设备），并以小组为单位开展活动，自主保全效果会大打折扣。

从现实情况考虑，对工厂的所有设备都进行完整保全是困难的。因此，根据设备的重要程度采取合适的保全方式是有效利用有限资源来取得最好效果的重要方式。一般情况下，可对全体设备实施重要程度进行评价，在保全作业中将其分成各种等级。

1. 重点设备选定的评价方法

在实施重点设备评价选定时，可从表3-6中的Q、D、C、S、M几个角度进行评价，综合研究。

表 3-6　重点设备评价的不同角度

角度	评价内容
质量（Q）	1）严重影响质量的设备 2）质量变动很大的设备 3）因故障发生质量变动的设备
交货期（D）	1）生产多种类型产品的设备 2）接近最终工程的设备 3）生产中定时出现问题的设备 4）因故障耽误整体生产的设备 5）生产量变动很大的设备 6）没有预备件的设备
成本（C）	1）投入高价原料的设备 2）需要很多人手的设备 3）耗电、热能等多的设备 4）因故障损失原价值的大型设备
安全（S）、士气（M）	1）故障带来的结果容易导致公害及环境恶化的设备 2）重要安保设备 3）安全设备、法定设备 4）空调设备

2. 设备重要程度等级和保全方法设定示例（见表3-7）

表 3-7　设备重要程度等级和保全方法设定示例

等级	判断标准	保全方法
特A	如果发生不良状况会引发严重社会问题的特殊设备 1）直接影响产品安全性的设备 2）需要定期点检的设备 3）在安全、卫生、环境上需要按法规点检的设备	1）根据点检、校正指示书及保全技术标准，制作点检、维护标准书，彻底实施预防保全 2）由科长确认点检结果，如果发现问题，下达必要的指示，实施没有遗漏的管理 3）和生产负荷没有关系，按标准实施点检、维护周期
A	1）因不良、故障，损失严重的设备 2）不良（废弃、修改）损失很大 3）没有预备品（备件），只要出现一次故障，就能导致长时间停机 4）其设备的停机给前后工程带来很大影响	1）根据点检、校正指示书及保全技术标准，制作点检、维护标准书，彻底实施预防保全 2）由工段长确认点检结果，如果发现问题，下达必要的指示，实施没有遗漏的管理 3）作为适用于通过设备诊断技术的预知保全、质量保全的重点对象

（续）

等级	判断标准	保全方法
B	质量高的设备，不良损失很小；即使因故障停止生产，也可以在短时间内修复	1）根据保全技术标准制作点检维护标准书，实施预防保全 2）根据生产负荷，变更点检、维护的周期，实施有效的预防保全
C	即使发生故障也不直接影响质量和交货期的设备	适用于事后保全（某种程度来说不需要做预防，坏了再修的设备）

设备重要程度分类不是目的。设备的重要程度不同，设备维护策略也不同，如果设备重要程度不与设备管理策略关联起来，就不能发挥作用，例如飞机类设备如何管理、汽车类设备如何管理、公共自行车类设备如何管理；这里有一个观点：如果设备分类不清楚、设备管理策略不清楚，那么设备管理就不能算得上入门。

3.3.3 维持设备正常运转的基本条件

维持设备基本条件也是自主保全活动中的重要环节之一。设备的基本条件包括设备的清扫点检、润滑、紧固。

1. 设备的清扫点检

设备的清扫点检不是单纯地把设备的主体、配电箱、防护罩等擦得闪闪发亮就可以，而是要打开各种各样的防护罩或盖子，抽掉油箱里的油渍等，把长期以来都没有检查过的各个角落用手触摸来确认清扫干净。如果对设备清扫不力，容易引起多种设备不良状况。

1）故障：混入驱动系统、传感器、控制系统中的污垢、异物会导致磨损、堵塞、通电不良等，从而引发设备产生错误动作和故障。

2）产品质量不良：异物直接混入产品或因异物引起设备的误判断或误动作，会导致产品质量不良。

3）强制劣化：强制劣化是指因设备的基本条件维护不当而造成设备没有达到正常寿命的一种劣化形式。灰尘、污垢使设备龟裂、断油等的点检变得困难，从而导致设备的强制劣化。

4）设备运转速度降低引起 OEE 损失：因污垢导致磨耗阻力的产生，致使运动部位的阻力增加，从而导致设备运行速度降低，造成 OEE 损失。

总之，亲自触摸设备，体验清扫即是点检的过程，是在保护设备不强制劣化的同时，维护设备机能、性能的管理工作。

（1）初期清扫的主要作用

1）以设备本体为中心，将垃圾、脏污一起清扫。

2）找出设备缺陷、质量不良来源等问题，查出后在设备上贴上标签，并在解决后摘除。

3）满足对设备基本条件清扫的各项要求，完成设备的维护管理。

（2）具体内容

1）在清扫点检过程中发现设备的微缺陷。以设备本体为中心，通过初期清扫，亲自触摸设备，清除其上的污垢；可尝试动一动设备，以发现设备的不良情况或缺陷，如松动、磨损、偏心、振动、异声、发热、漏油、漏气及是否有其他机能性的不良等。可依据五感点检来发掘设备的不良情况，并使不良状况显现化，这也是自主保全中的问题点清单管理，日常管理一览表示例见表 3-8。同时还可以更进一步对可动部位进行润滑、紧固，通过实践记住清扫即点检的观点。

这项作业是自主保全活动第 1 阶段的内容，其中如何切断不良状况是一项很重要的活动，是自主保全作业中的基本作业，所以被称为基本条件的维护。

同时，通过这种活动能够加深对设备结构、功能的了解，相互学习点检的实施方法、不良状况的发现方法、不良状况的判断方法、不良类型的识别方法等。

在清扫点检中，关键是要关注设备的核心部位和产品的加工点，例如，机加工设备的车床，就应关注刀具和工件的接触点的机械组成因素（如将棒类零件变成椭圆形），而如果是焊机，就应关注电极和组成电极的机械因素和通电部位等。

2）找到难以清扫点检的部位和脏污发生源。清扫过程中需要找到难以清扫点检的部位；对清扫以后又很快变脏的部位，要查明引发这一现象的脏污发生源，并将这些不良状态记录在表 3-8 中，作为下一个阶段改善脏污发生源和难以清扫点检部位的课题。

需要注意的是，必须考虑每次清扫花费的时间、从清扫干净以后到重新变脏的时间，找到解决问题需要采取的具体措施。其中，关键是查明脏污的根源，迅速养成保持清洁的良好习惯，并充分理解其必要性，以便尽快采取改善对策。

表 3-8　日常

×××　　线体　　　　　　　　　　　自主保全　　不良（标签）一览表

清单 No.	挂标签日期	标签颜色（白、红）	挂标签者	设备 No.	STEP 1 不良的发现																
					基本条件整备					损失改善						人的损失			其他		
					5S	清扫	润滑	紧固	点检	故障	工具	短停	准备	速度	不良	作业损失	手边化	编成损失	降成本	安全	其他
例	4/17	白				○															

管理一览表示例

（STEP 1、STEP 2 用）

STEP 2						实施	
发生源、困难点对策							
发生源需要对策	困难点需要对策	标签内容	优先度	责任人	复原或改善内容	预定日	完成日
○		在翻边部位有一堆铁屑	A		为防止铁屑积存追加冷却液	4/30	4/30

3）在设备不良状态部位贴上标签（也称挂标签）。设备的不良状态包括设备的外观性脏污、功能性缺陷、污垢、不良、故障的发生源和清扫点检的困难部位。在出现这些不良状态的部位贴上标签加以标记，如图 3-4 所示。其中，红标签由外部门协助解决，白标签由小组内部解决。

a) 红标签　　　　　　　　　　　　　b) 白标签

图 3-4　标签

4）挂标签的作用。

① 明确不良状态和缺陷。

② 明确记录问题内容和修复（取标签）的日期。

③ 可以通过表 3-8 一目了然地了解不良状态的数量、修复（取标签）的状况。

5）标签的制作方法和使用方式。

① 每月对标签内容进行分类统计，对活动现状进行把握。

② 可通过标签内容分解（示例见表 3-9）彻底分析出问题的原因并采取对策。

③ 明确下个月的活动重点。

表 3-9　标签内容分解示例

标签内容分析表　　　×××　线体

纵轴：不良件数、复原件数（刻度 10、20、30）

图例：○ 挂标签　　■ 取标签

现象	不良内容
泄漏	空气、油、冷却液、水、铁屑
飞散	冷却液（油、水）、零部件
干涉	配线、配管、驱动、其他
基本条件不良	过滤器污染、加油不良（多、少）、铁屑积存、松弛、磨耗、晃动、破损、弯曲、脱落、生锈、腐蚀、配线、配管杂乱
异音、发热、振动	电动机、泵、阀门、轴、其他
困难部分	作业、清扫、润滑、点检
5S	放置场地不明、不要的物品、整理乱杂、污染大、不安全之处、环境差、其他

数据标记：飞散—冷却液列（○○及取标签），基本条件不良—松弛列（○○及取标签）、磨耗列（○）。

6）标签的使用说明。将标签制作成一式两份，按照下述方法加以使用。

① 将一份标签贴在设备上，另一份用于活动看板。

② 小组负责清扫点检的人员如果遇到设备中不能处理的问题，联系保全部门。

③ 保全部门的人员对设备问题处理完成以后，将贴在设备上的标签返还给小组人员。

④ 小组人员将返回的标签和自己手中的另一份标签进行比对、确认。

7）自行整改，通过清扫发现不良状态。在自主保全活动中，不需要开展用油漆掩盖脏污等流于表面上的5S美化活动。因为设备清扫的目的不仅仅是简单地美化设备，而是要发掘设备的不良状态、修理不良状态或保持设备清洁的状态，并作为现场设备改善结果加以呈现。暴露不良状态和制定修复计划，是发现劣化、修复劣化的一种具体表现形式，也是自主保全活动的基本内容。

2. 设备的润滑

1）润滑作业的基本操作。

① 明确润滑油保管场所，经常实施整理、整顿清扫。

② 保管润滑油的容器平时要盖上盖子。

③ 不要出现没有润滑标签的设备和标签模糊难以辨认的设备。

④ 注油器应该经常保持内外干净，能够看清油量。

⑤ 确认注油器是否正常工作（是否正常消耗）。

⑥ 确认自动加油机和自动加油器是否正常工作。

⑦ 确认旋转、移动、链条等部位是否有油润滑，是否有过多的油弄脏设备。

⑧ 减速器等必须要润滑，有足够的油量。

⑨ 确认润滑配管等润滑系统是否有异常（凹陷、伤痕等）。

⑩ 确认液压工作油箱是否有达到规定液面的油。

2）可自行完成的润滑。

① 向自动灌油机等加油。

② 向通往灌油喷嘴的油枪加油。

③ 给移动部位、链条等处润滑。

④ 给气动三元件调整注油器润滑（大油箱的润滑需要保全和维护）。

3. 设备的紧固

螺栓、螺母等拧紧部件的脱落或松动是故障发生的直接或间接原因，1个螺栓的松动就会引发振动，反过来这种振动会加剧螺栓的松动，所以振动带来的恶性循环劣化迅速波及，在不知不觉间，就会成为难以对付的故障的原因。在自主保全活动中，应该自行改善不需要加工的（如自制加长的套筒扳手、内六角扳手等）或用标准工具能够进行处理的不良状态。

1）螺栓和螺母不要有松动。用扳手确认是否松动，当发现松动时拧紧松动的螺栓和螺母（必须想一想松动的原因在哪里，而且要了解相关的紧固扭矩）。

2）利用对应记号来发现螺栓、螺母的松动很有效果（用油漆笔进行"一"字标记）。

3）如果螺栓和螺母出现损伤或状态不良，应补加、更换、修理相应配件。

4）确认椭圆孔上是否使用了平垫圈，如果没有，应追加。

5）确认螺栓是否过短（从螺母处露出 2~3 圈螺纹为宜）。

6）安装限位开关的基座板必须用 2 个以上的螺栓固定。

3.3.4　确定脏污发生源和难以清扫点检的部位

1. 脏污发生源和难以清扫点检的部位

1）脏污发生源，是指因设备本身或外部因素而引发设备脏污的源头。

2）难以清扫点检的部位，通常指实施清扫、润滑、紧固等作业耗费时间长的部位。其影响程度因人或技能而异。有些企业为了统一管理，将该部位定义为在清扫目标时间内（例如每次 10min）不能结束清扫点检的部位。

明确脏污发生源和难以清扫点检的部位，并将日常作业实施困难的地方、作业上的不良进行要因解析，且标记到表 3-9 的一览表中，作为推进改善的对策，这是自主保全活动的重要内容。通过自己动手实施小改善，可进一步了解设备构造，并提高相关技能。

2. 明确脏污发生源和难以清扫点检部位的目的

1）改善脏污发生源和清扫点检困难的部位，可缩短作业时间。

2）通过完成小改善来提高改善的意识。

3. 针对脏污发生源和难以清扫点检的部位采取对策

1）针对脏污发生源采取对策。包括处理铁屑、冷却液的飞散，以及喷雾的飞散等。

2）针对难以清扫点检的部位采取对策。例如：

① 改善防护罩，使得在不拆防护罩的情况下也能点检。

② 调整压力表等装置的位置，使得清扫点检人员不做勉强的动作也能进行点检。

③ 通过实施改善对策，例如对传动带进行改善，缩短点检时间。

3）针对难以润滑的部位采取对策。运行中的设备的润滑、因设备所需润滑部位所在高度等而出现的不利于润滑的情况，都需要采取措施实现必要润滑部位的快速润滑。

4. 具体作业内容

1）首先进行安全确认。

2）拟定找寻脏污发生源和难以清扫点检部位的措施。

3）实施2）中的措施；为彻底改善，根据需要可多次实施。

4）针对管理要点的物理性潜在缺陷（即设备机能管理困难点）拟定对策。

5）管理的重点是实施与机能部位相关的物理性潜在缺陷的对策，在此基础上建立目视化管理。

6）对因铁屑等飞散造成的脏污采取相应对策，从"硬纸板作战"（一种改善的方法，先用简易物品如硬纸，来测试效果）开始，围绕断绝→包围→承接→收集→易处理→看得到的思路进行。

5. 确定脏污发生源和难以清扫点检部位的要点

1）确定脏污发生源。

① 检查因加工而导致脏污（如喷镀飞溅、涂料、黏结剂、碎屑、切屑液、冷却剂等）的位置。

② 检查从设备本体发生的泄露或磨损等问题，如油、水、空气的泄漏，设备的磨损等。

③ 检查进入现场的备件、容器是否含有油、金属丝、标签、绳索、破损的碎片等。

④ 从物流运输车等外部环境带进来的脏污（灰尘、树叶、泥土、小石子等）发生的部位。

2）查出困难作业部位的要点。

① 检查没有脚手架和扶手的地方。

② 检查身体和手伸不进去的狭窄地方。

③ 检查安装很多螺栓、螺母的盖子。

④ 检查不易润滑和排水的地方。

⑤ 检查配线和配管密集，并紧贴在机械和地面上的地方。

⑥ 检查不再使用的配管、配线、工夹具等。

6. 脏污发生源的改善

1）改善要点。

① 改善成便于清扫的状态。

② 使污垢的范围最小化。

③ 切断污垢的源头。

④ 使冷却液、铁屑的飞散最小化。

⑤ 改变冷却液的流量，不让铁屑堆积。

⑥ 使冷却液的水流范围最小化。

⑦ 改善成便于点检的状态。

⑧ 设计点检窗口（柜子观察窗、仪表引出等）。

⑨ 止住松动（防松装置、对齐线等）。

⑩ 拆除油底壳。

⑪ 安装机油油位仪。

⑫ 改变加油口。

⑬ 改变润滑方式。

⑭ 整理配线。

⑮ 改变管道布局。

⑯ 改善成便于更换零件的状态。

2）改善方向及思路。

① 围起来：用局部罩盖等将脏污控制在最小限度，在脏污发生源附近的部位上进行局部控制。这种局部罩盖是最具代表性的方式。

② 接收：用容器或接收器皿接收脏污，防止扩散。

③ 集中：使脏污倾斜，用配管汇集等。

④ 小量化：减少脏污的数量，例如，在合理范围内减少切削次数和部件供应次数。

3）清扫困难部位的改善要点。

① 改善清扫工具，开展工具改善活动，召开改善成果展示会。

② 编制临时改善标准书，研究合理的区分阶段等。

③ 编制减少清扫时间的图表。

④ 撤出不需要的物品。

⑤ 制作能够一目了然地看清点检部位的图样或标记等。

⑥ 执行查出部位的具体对策。

7. 进行改善事例的展示

将事例在活动看板上公告。其目的是：

1）通过明确改善前后的总结，正确掌握问题点和改善效果。

2）通过公布改善效果，加强信心。

3）把用于改善的方案向其他小组水平展开。并且，通过在改善部位张贴标签，开展看得见的活动。

8. 设备 4M 变更管理

4M 是指人员（Man）、机器（Machine）、材料（Material）、方法（Method）。通过 4M 变更管理可以改善产品质量和减少设备故障。表 3-10 为设备保全部门针对 4M 变更管理给出的标准示例。

表 3-10 设备保全部门的 4M 变更管理标准示例

变更类别	变更内容	变更等级	填写表单	会签部门	判定者	记录	备注
外部4M	4M 要求	A	—	—	—	4M 单	
设备本体	设备大修、改造						
	设备停用						
模具	模具形状面变更	A	4M 变更实施联络通知单	保全、制造、技术、品保、生管	品保部门（是否实施判定）		变更存在质量或安全风险的为 A 类 变更无质量或安全风险，但有停线风险的为 B 类 无质量、安全、停线风险的为 C 类
	模具尺寸变更						
	模具零部件供应商变更						
	孔位置度变化						
	定位零部件尺寸变更						
	定位零部件材料变更						
夹具变更	夹具形状变更						
	定位零部件尺寸变更						
	定位零部件材料变更						

（续）

变更类别	变更内容	变更等级	填写表单	会签部门	判定者	记录	备注
刀具变更	刀具形状变更	A	4M 变更实施联络通知单	保全、制造、技术、品保、生管	品保部门（是否实施判定）		
	刀具材料变更						
	刀具寿命变更						
	刀具供应商变更						
备件变更	备件供应商变更	A/B/C	4M 变更实施联络通知单（A 类）；设备变更实施审批管理单（B 类）	A 类变更保全、制造、技术、品保、生管；B 类变更制造、保全；C 类变更保全系长	设备变更实施审批管理单		变更存在质量或安全风险的为 A 类变更无质量或安全风险，但有停线风险的为 B 类无质量、安全、停线风险的为 C 类
	备件替代						
	零部件国产化						
程序变更	功能追加	A/B/C					
	功能取消						
参数变更	设备参数调整	A/B/C					
	工艺参数调整						
	涂胶轨迹调整						
	涂胶量调整						
其他	设备上装置追加或取消	A/B/C					
	设备改善						

3.3.5　自主保全标准书的编制

把针对设备的改善对策完善到自主保全标准书内，进一步优化设备的基本条件、判定标准、点检周期的设定，进而面向相关人员开展新标准及修订后的自主保全标准书、点检表、标准作业书等培训，并通过作业观察确认点检项目切实对设备综合效率（OEE）的提升提供了必要的支撑。

1. 编写自主保全标准书的目的

1）规定设备的保全标准，整理设备的维持管理基本条件，形成必须严格遵守的体制，使设备不发生强制劣化。

2）明确制造和保全部门之间的工作分担，将其编制成点检标准书，为了切实地进行生产的维持管理，把零不良和零故障作为目标，全面贯彻产品质量是由设备来保证的理念，把自主保全活动落实到日常保全工作中。

2. 主要作业

编制能够在短时间内完成清扫、润滑、紧固的行动标准，维护维持设备的基本条件的标准书初稿，制定保全部门和制造部门的点检标准，明确两个部门的工作分担，避免漏点检和重复点检。

3. 编写标准书初稿的具体作业

为维持没有脏污的设备状态和不产生不良的状态，需要编制自主保全小组的行动标准，根据5W2H（即 Who、Where、When、Why、What、How 及 How much）编写《清扫点检、润滑标准书》，使其成为活动小组能够在短时间内执行的标准。这是自主保全第1阶段必须完成的作业。这里特别说明一下，标准书初稿必须由生产部门自己主导完成，这样点检遵守度将大大提升，如果生产部门对标准的制定能力不够，可以由设备部门指导和协助，原则是生产部门自己主导。

（1）充分制定旨在标准化的计划

1）明确作用分担，明确编制标准书的一系列计划。

2）由全体小组人员一起确认需要的标准书，制定包括所有人员的计划。以在自主保全时进行的所有部位为对象。即使不能立即实现标准化，但是也必须明确编制日程。

3）让全体人员都能理解自己亲手编制标准的重要性。

4）根据标准书编制各机械单位的自主保全点检计划表。

（2）编制可以遵守的标准书

1）清扫点检标准的编制应包含以下内容：

① 生产线上的工位或生产作业班组的场所。

② 生产设备的部位。

③ 作用区分：区分是清扫、润滑、点检，还是紧固。

④ 对象场所。

⑤ 标准（必须满足的参数、性能和状态等）。

⑥ 方法：清扫、润滑、紧固的方法。

⑦ 异常处置的方法。

⑧ 保全所需的时间。

⑨ 自主保全周期（日、周、月）。

⑩ 负责人（指设备点检人）。

⑪ 工序或部位、场所的图示：生产线上的工位或生产作业班组的生产场所的图示。

2）应该在规定的标准工时内能够完成保全的内容（这点很重要，但是现在国内企业能达到这一点的很少）。

3）要在清扫的同时能够进行点检、紧固作业。

（3）编制点检计划表　要认真编制自主保全点检计划表（见表 3-11），并确实执行计划表里规定的作业，进行点检。

1）必须能清楚地看到计划和实绩（实施结果）。

2）在制定计划时，要仔细琢磨点检项目、点检顺序，以便能够在规定时间内完成点检。

3）要修复和改善在点检中发现的不良状态。

① 在这个阶段，利用一般工具，自己进行小修理。

② 原则上亲自动手进行改善。

③ 密切联系保全部门。

（4）根据标准书实施点检作业，验证其结果

1）按照标准内容编制的自主保全点检计划表开展现场活动，可以看见已经查出不良状况并得到改善的状况实物。

2）我们经常看到发现了不良状态，但是相关作业点检项目没有被标准化的现象。这说明实际和标准不一致，所以必须修改标准书。

3）在根据标准书实施点检的基础上，应认真追踪明确的问题点（例如，没有在规定时间内完成等）。

（5）编写标准书时的注意事项

1）有关质量特性的标准，实际使用的清扫点检标准书必须满足技术部门明示的点检、校正指示设定的维持管理项目和水平的要求。

2）彻底遵守自己编制的标准。

① 不遵守已决定的标准的最大理由是不理解标准的内容、不理解标准的重要性等，必须由管理者、工段长、班组长通过整理予以解决。

表 3-11 自主保全点检计划表

科长	工段长	班长	日期

TPM 的目的
1. 最大限度地提升人、机器的机能、性能
2. 对现场体质的改善

TPM 的目标
1. 消除设备 6 大损失
① 故障损失 ② 准备、调整的损失
③ 小停机、空运转损失 ④ 速度降低损失
⑤ 不良、手工修复损失 ⑥ 开机
2. 消除工时损失
① 管理损失 ② 动作损失 ③ 编程损失
④ 自动化转移损失 ⑤ 测定调整损失

TPM 的 5 大支柱
① 自主保全体制的确立
② 个别改善活动的推进
③ 计划保全体制的确立
④ 教育训练的推进
⑤ 初期管理体制的确立

×××班 TPM（自主保全）活动计划

· 设备重要度等级
特A：发生状况会引发严重社会问题的特保设备
A等级：发生不良、因不良、故障造成较大损失的设备
B等级：因不良，尽管因故障停止，但是短时间内可修复的设备
C等级：即使发生故障也不影响质量和交货期的设备

· TPM（自主保全）阶段
1阶段：清扫点检
2阶段：发生源、困难点对策
3阶段：发生点、困难点点检，润滑基准的作业
4阶段：清扫点检、点检总教育
5阶段：自主点检
6阶段：整理整顿
7阶段：自管管理

No.	设备名称	设备重要度	现状的TPM阶段	目标TPM阶段	周期(日)	周期(周)	周期(月)	周期(半)	周期(年)	人员	时间	谁	计划/实际	月份进度
1	4201点焊机器人	A	1	3			1			3	60	作业员	计划/实际	2阶段(2—5月)，3阶段(7—8月)
2	4101抓手机器人	A	1	3			1			2	30	作业员	计划/实际	2阶段(2—5月)，3阶段(7—8月)
3	A线左侧板悬挂点	B	3	7	2					1	10	作业员	计划/实际	4阶段(4—5月)，5阶段(6—7月)，6阶段(9月)，7阶段(11—12月)
4	A线右侧板螺栓焊	B	3	7	2					1	10	作业员	计划/实际	4阶段，5阶段，6阶段，7阶段
5	A线中部补焊余胶	B	3	7	2					1	10	作业员	计划/实际	4阶段，5阶段，6阶段，7阶段

② 不要坐在办公室拍着脑袋来编制标准。一定到现场亲自实施初期清扫以及发生源、困难点对策，才可以编制出贴合现场实际的标准书。

③ 利用标准样品学习，理解标准的基本意思，小组成员自己组织小组会议，编制成的标准应成为必须遵守的内容。

④ 尽可能与保全部门联系，接受点检方法、润滑的路径等教育，想出高效的点检方法，编制可以遵守的、实施的标准。

3）要摆脱"嫌麻烦"的意识，体验汇总、提高设备维护意识和增强设备知识。

如果在标准书里插入自己亲手画的表示需要实施点检的部位图（见图3-5），可以帮助理解润滑、紧固的重点或机械功能。

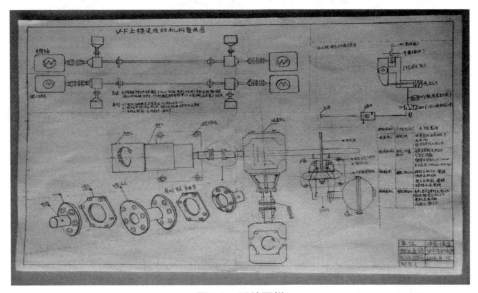

图 3-5　手绘图样

4）设定清扫、润滑、点检时间的目标，积累改善结果。在标准里应该插入时间性限制（例如每次点检作业 10min），如果没有被列入到目标里就立即改善，并在完成以后，重新反复缩短时间或延长周期以及改善方法来验证。

4. 标准化的具体作业

自主保全首先以标准书初稿为基础进行体验活动，然后结合设备总点检等项目追加的内容，和保全部门实施的点检标准进行对照。在这个过程中，明确相互作业分担，修改点检项目和内容，按照下列内容重新编写正式标准书，并根据这些将自主保全点检活动落实到日常活动中。尤其是为了实施 ISO 认证所必需的质量保证，需要明确有关设备维持的管理项目和水平。

（1）从零不良、零故障、零损失的观点出发进行修改

1）确认日常必须实施的清扫、润滑内容和安全、班前点检项目是否有遗漏。

2）插入通过总点检发现的不良状态项目。

3）插入不良、故障导致的再发防止项目和通过个别改善取得的维持管理项目。

（2）从点检作业效率化的观点出发进行修改

1）确认是否有点检项目（清扫、润滑）的重复部位。

2）确认点检周期、项目数量（相比于减少项目数量，首先延长周期）。

3）通过清扫和润滑、点检和润滑等作业组合，实现作业的效率化。

4）开展看得见的管理，与提高作业效率联系起来。

（3）明确和保全部门之间的点检项目分担

1）不要和保全点检内容重复，并做到双方都不落空。

2）和保全部门进行调整，确认标准内容、周期、判定标准等。

（4）其他（有效的点检方法实例） 前面叙述了点检的实施要点，按理根据正式的标准书和点检计划便可进行相关作业，但是实际上会碰到很多现实性问题，也就是说：

1）对没有经验的操作者（新人、外来支援、短期劳务）来说很难懂得点检部位和点检方法。

2）如果点检项目过多，生产负荷增加，便很难按原定周期进行点检。

其结果是，发生点检遗漏，不能达到减少不良和故障的目的。针对这些问题，根据下列目标，总结出了 10min 点检方式的实例（见表 3-12）。

① 组成任何人都可以点检的方法。

② 组成不遗漏标准书里的点检部位的方法。

③ 组成能高效率点检的方法。

表 3-12 中列出的是点检方式概要，对于初次制作标准书的人来说，也许不知道其精髓，但是毕竟是很有效的点检方式，所以请务必在活动中加以利用。

5. 点检周期的确定

点检周期主要指不发生不良和故障的最经济性周期，点检周期的确定通常遵循以下方法：

1）根据设备厂家的提示确定。

表 3-12　10min 点检方式的实例

点检的种类	内容	时间
作业开始点检	为了确保安全和提高质量而开展的项目	5min/ 天
运转中点检	设备不运转就不能点检的项目（动态点检）	5min/ 天
10min 点检	在运转中不能点检，但是仅用 10min 就能完成的项目	10min/ 天
机会时间点检	伴随拆卸等需要另外安排时间的项目	6min/ 天

1. 点检类别
点检项目可分类成下列最合适点检的时间段。

2. 点检项目图表化
这是为了不漏掉每个种类的点检项目，明示何时进行何种点检的图表。

3. 制作点检清单卡
贴出每个点检部位的照片，利用卡片的形式编制点检项目、标准。

4. 制作点检图
为了一目了然地知道在何时进行何种点检等事项，在制造程序配置上记入点检清单的序号。

5. 制作对账单
制作一份确认是否按照计划点检，而且按每个项目确认其结果的表格。

6. 记得带上点检卡片
开始作业时带到自己车间，结束各种点检以后返还，防止忘记点检。

7. 设置点检培训环境
为了掌握点检所需的知识和技能设置，利用评价和雷达图表进行培训管理。

8. 成果
将这些总结在点检管理板上，让点检相关信息一目了然。
其效果是：
1）缩短点检时间（例如，点检生产线停止时间，由 29min 减为 20min）。
2）降低故障频率。
3）防止点检遗漏等。

9. 开展具体点检作业的方法（顺序）
1）班前会结束以后确认当天的运行时刻表编号。
2）确认对应时刻表编号的点检区域和点检号。
3）从操纵台获取相应的点检号的清单。开始点检前必须看操纵台，确认作业内容。
4）同时持有点检书。
5）把点检清单带到设备旁，按顺序利用。
① 作业结束以后，把点检基准书和点检清单返还到操纵台上。
② 在发掘不良状态以后，贴上记号，记录到不良状态一览表上，进行处置。

2）根据法律规定的一定周期进行点检（TBM 方法）。

3）根据生产量的变动确定。

4）以故障实绩统计和 MTBF（平均故障间隔时间）为基础确定一个固定周期（日、周、月）。

5）根据设备的状态确定（CBM 方法）等。

自主保全作业的具体点检周期，基本上最多为1个月，超过这个期限的点检是否作为定期点检要和保全部门协商决定。

3.3.6　设备总点检的推进

TPM第1~3阶段的活动主要是以基本条件中的整备为重点来防止劣化的活动，依照五感（涉及眼、耳、鼻、舌、手）点检，直到指出感觉上的不良点。在此阶段开展设备总点检教育活动，更进一步了解自己所使用的设备的机能、构造。对设备要能做到根据知识、理论实施日常点检。提高对设备关键部位（与质量关联的部位）的认识，可以提高点检效率，降低因设备问题造成的在制品的不良。

1. 总点检活动的目的

1）了解设备的机能、构造、加工原理与应有状态，培养改善和复原的能力。

2）通过实施各个科目的总点检，找出微缺陷，并实施复原和改善。

3）培养真正对设备专精的操作人员，大幅减少故障、不良和短暂停机（小停机）。

这里的所谓对设备意识强、专精的操作人员是指了解设备的机能、构造、工作原理，且对设备物理上的潜在问题（自然劣化、强制劣化）非常熟悉的人员。对设备专精的操作人员，具有预判设备要出问题的能力，能够及时地将劣化排除，从而实现零故障（发现异常和处置异常的能力）。

2. 总点检活动的目标

1）减少故障件数：因为自主保全不足，所造成的故障要零化。

2）消除短暂停机件数：因为自主保全不足，所造成的短暂停机要零化。

3）降低不良率：因为自主保全不足，所造成的不良要零化。

4）缩短点检时间：减少日常点检时间，提升时间运转率。

3. 总点检的主要活动

1）实施根据点检指南的总点检技能教育。

2）由主任、班组长向操作者实施的传达教育。

3）制作总点检清单，摘出和改善通过每个科目设备总点检的不良状况。

4）从设备的专业角度实施的管理活动。

5）设备个别改善的推进。

4. 设备总点检的基本思考方法

为了实施设备总点检，在维持日常保全活动中，要根据总点检手册（指包含以过去发生的不良状况事例分析为基础的内容和对加工的解析的自主保全培训用手册），接受由保全部门实施的设备总点检技能培训。

理解设备的结构和技能以及为什么需要此点检、其意义何在等，从原理、原则方面养成捕捉微缺陷的敏锐目光。然后自己编制与现场设备相配的总点检清单，根据这个清单实施彻底的总点检，然后根据状况找出其中的不良原因，并加以修复和改善。

以设备基本条件的维护为重点的日常保全，以防止设备的劣化作为活动主体，而设备总点检是测定设备劣化状态的活动，是一种培养设备意识强的操作者和大幅度减少故障和质量不良等更高水平的活动。

5. 设备总点检的一般流程（见图 3-6）

（1）活动开始前

1）树立现场的故障管理意识。

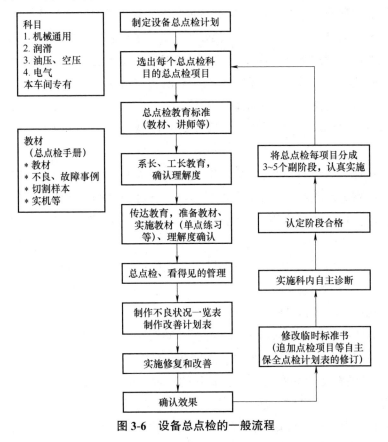

图 3-6　设备总点检的一般流程

2）在车间建立故障管理示范班组。

（2）通过两个手段

1）培训：对所操纵设备的专业知识、结构原理进行培训和现场辅导。

2）实践：共同参与故障排除、故障解析和对策。

（3）达成两个目的

1）通过计划保全对现场作业员的专业培训和现场辅导，让现场作业员充分了解自己所操作的设备的结构和原理，提高作业员的设备保养、点检以及异常排除的技能。

2）通过与保全人员一起参与故障排除、故障解析和对策，培养作业员对简单故障的排除技能，提高参与的积极性。

6. 总点检具体活动内容

（1）对过去的不良、故障的不良状况分析　在实施总点检培训之前，首先由自己对于过去所发生过的不良状况，逐层分析各机械、单元的不良和故障内容，明确其和点检科目之间的关系。例如，如果是转移装置的工件掉落故障，就应明确该故障和作为其点检项目的螺栓之间有什么关系。总点检中各科目的培训不是单纯的一般性知识的培训，而是通过总点检找出不良情况，另外要明确需要改善的部位，必须做到有目的地培训，并与今后的实践活动相结合。

（2）实施设备总点检技能培训

1）目标。培养可指导操作者从容应对总点检和不良状况改善、对设备意识强的班组长。

2）设备总点检培训概要。从工作人员和保全人员那里，通过使用教材、切割样本、实物等，学习有关设备的基础事项。比如，结构、技能、正确的调整方法、正确的使用方法、结构上的注意事项、设备应有的状态、日常的点检要点、技能劣化时的现象、原因、处置方法等。

① 确定与设备相关的总点检科目和点检项目，并对此实施必要的教育，即活用过去的不良状况分析的事例，进一步学习设备加工点解析的思考方法。例如，焊机就把控制箱和电极作为加工点，学习加工点的定位系统，加工点维持连续性所需的系统的辅助夹具和焊枪、配线、螺线管等，以及与形成加工点的焊接条件等之间的关系，即设备的原理、原则和点检的必要性。

② 过去经常是凭感觉发掘不良状况的，现在应该通过培训加强五感，重新理解结构和功能，从原理、原则考虑，发现不良状况。

（3）设备总点检技能培训的代表性内容（见表3-13）

1）总点检所需的内容在共同科目中覆盖了大部分，但是自工程专有的内容为特别重要的要素，必须按照计划实施。

表 3-13　设备自主保全技能确认表

自主保全技能确认表					
			评价	年　月　日	
				科　　　班	
区分	No.	查检项目	姓　名		
螺栓	1	工具的使用以及相关知识			
	2	螺栓、螺母的使用以及相关知识			
螺母	3	依正确的扭力增锁以及相关知识			
	4	垫片的使用以及相关知识			
润滑	5	润滑的使用以及相关知识			
	6	润滑油、作动油的点检以及相关知识			
	7	轴承的加油方法以及相关知识			
	8	O 形环、垫片的使用以及相关知识			
油压、空压	9	速度控制的使用以及相关知识			
	10	三联件的使用以及相关知识			
	11	电磁阀的使用以及相关知识			
	12	油压泵的点检以及相关知识			
	13	气压缸的使用以及相关知识			
	14	压力控制阀的使用以及相关知识			
驱动	15	减速器的使用以及相关知识			
	16	链条的使用以及相关知识			
	17	V 带的使用以及相关知识			
	18	离合器的使用以及相关知识			
	19	轴承的使用以及相关知识			
电气	20	与电气相关的危险性的知识			
	21	电压、电流计的读取以及相关知识			
	22	微动开关的使用以及相关知识			
	23	定时器的使用以及相关知识			
	24	感知器的使用以及相关知识			
	25	分电盘的点检以及相关知识			

（续）

区分	No.	查检项目	姓　名				
量测	26	电气检测用表的使用以及相关知识					
	27	千分表的使用以及相关知识					
质量	28	与质量相关的知识					
安全	29	与安全相关的知识					
班组设备	30	A设备保养技能					
	31	B设备保养技能					

2）实施时，共同科目可在保全技能培训中心等集中教育，而本工程固有科目应联系各车间保全负责实施个别培训会更加有效。

（4）对操作者实施传达教育

1）目标：班组长将所学的内容整理加工成符合自己现场的东西，并指教导全体组员，以提高全员的水平，实施总点检。

2）传达教育实施的要点。

班组长把要教授的内容写入单点课程中，以OJT（是On the Job Training的英文首字母缩写，是指在工作现场，由上司和技能娴熟的老员工针对日常工作中必要的知识、技能、工作方法等面向下属、普通员工和新员工的一种培训方法）为中心，对组员实施指导。

① 培训后，要做记录：何时、由谁、对谁。

② 实施传达教育以后，进行理解程度确认，持续追踪直到全员合格为止。

③ 为了确认是否真的理解点检方法，从培训试验设备上模拟不良状况指出等实习活动。

④ 要对点检练习表制作张数做记录（实施的标记）。

⑤ 传达教育所需的实物，可从保全部门调配闲置品、故障品等。

（5）总点检的实施和不良状况的修复及改善　以培训所学的知识为基础，全员分工制作总点检确认清单，对点检中发现的不良状况实施修复和改善。

1）将发现到的缺陷按层别整理到不良一览表里，以显现出自己班内设备的哪个部位有哪些弱点，并实施WHY-WHY分析。WHY-WHY分析的结果，要分类成自己部门要复原修理的内容和要委托保全部门的内容。

2）对于慢性不良，要将其列入个别改善的课题进行登记，并促进改善。

3）对自然劣化的项目必须确定点检的方法。

（6）总点检实施要点

1）对要点检设备的哪里、如何点检、点检到什么程度等内容通过示范、示例、实物实施教育。

2）明确出要努力到什么程度等诊断的要点与标准。

3）活动没有灵活展开，阶段的目的没有得到贯彻，诊断不合格的所有责任不在于团队成员、操作人员，而在于指导这些的管理人员、小组长。因此，不光是技术上的指导，创造一个轻松的自主保全活动环境也是非常重要的。开始活动后的一段时间，大多数操作人员都无法站在别人面前说话，不能向管理者做说明。通过诊断，可以剖析他们的紧张因素，这是制造轻松环境的一个绝佳机会。

4）总点检的科目，须依各工程的特性明确规定，另外在实施时亦须考虑从以前的不良事例中最能产生效果的科目开始实施。

5）总点检的检查项目，参考共同科目的基本项目，并活用设备的特质和以前发生故障、不良等，依设备的各工程或"部位"做成一览表，更新到总点检中。

6）自工程的固有项目特别需要直接地活用以往的故障和不良事例。总点检在检证以往所实施的不良对策是否落实方面上很有意义。因此，共同项目上有没有具有特征的重点项目，须由自己设定，做成点检表并实施（尽可能多地列出项目）。

（7）设备总点检确认要点示例　示例包含紧固件的检查项目（见表 3-14）、驱动相关的检查项目（见表 3-15）、油压系统的检查项目（见表 3-16）、空压系统的检查项目（见表 3-17），以及电器系统的检查项目（见表 3-18）。

表 3-14　紧固件的检查项目

部位	点检部位	点检方法	判定基准
螺栓、螺母	螺栓、螺母欠缺	目视点检螺栓孔上是否有螺栓、螺母	有螺栓、螺母
	螺栓、螺母生锈	目视点检螺栓、螺母是否生锈	拆下后的就不再用，目前生锈的状态还算可以
	螺栓、螺母松脱	用扳手及六角扳手增锁	不会松脱（用适当的扭力锁紧）
	螺栓、螺母头部的毁损、磨耗	点检头部的角、支撑座及十字孔上有无磨耗、毁损	用合适的扳手以及十字、一字螺栓，螺钉旋具插入轻转时不会滑脱
	螺栓、螺母的螺牙毁损、磨耗	目视点检螺栓的螺牙上是否有磨耗、毁损	螺母能顺利放入

（续）

部位	点检部位	点检方法	判定基准
螺栓、螺母	防止松脱	目视点检防止松脱的东西有无适当地设定好	正常设定
	螺栓的长度	目视点检螺栓是否为由下往上的朝向	没有露出太长、太短的情形
	螺栓的朝向	目视点检同一部位上是否使用相同的螺栓、螺母、垫片	拆下以及改造后，从下面装上
	螺栓、螺母、垫片	目视点检超出螺母的螺牙状态	使用相同的东西
	在长孔上所用的平垫片	目视点检长孔上是否使用平垫片	使用平垫片
设备本体	基础状态	目视或用手触摸，看水泥地基上是否开裂	不会影响机能
	设备本体的基准平面的水平度（主要是一般机械加工设备）	将水平仪放在本体的基准平面上做目视点检	在基准内
	基础螺栓水平状态（主要是一般机械加工设备）	目视或用手触摸，看水平状态是否不佳	没有松脱、损伤
	调整螺栓的状态（主要是一般机械加工设备）	目视点检调整栓以及承接盘上是否有损伤	没有损伤
		用手触摸点检螺母是否确实锁定	不会松脱
总点检后的对齐线基准		要在基础螺栓、会振动的部位（机器）、使用弹簧垫片处、该设备的重要部位上划上线	用黄色且容易看的细线划到螺牙处为止

表 3-15 驱动相关的检查项目

部位	点检项目	点检方法	判定基准
转接头	橡胶转接头的磨耗、劣化	目视点检橡胶有无磨耗、劣化	无龟裂、破损情形
	链形连接器的链条磨耗	拆下离合器外盖，目视点检链条有无异常磨耗以及黄油有无劣化	黄油内无锈粉掺杂（参考值：链条的延伸界限3%）
	万向接头的插销磨耗	目视点插销有无磨耗	无松脱变异情形
	转接头平行度	振动检测仪	无大幅度振动（目标在5/100以下）
	凸缘（转接头的安装螺栓）	用扳手以及六角扳手增锁	无松脱情形（用适当的扭力锁紧）在重要的部位上划上对齐线

（续）

部位	点检项目	点检方法	判定基准
带传动	飞轮、传动带的油附着	用手触摸点检飞轮以及 V 带上有无油附着	无油附着情形
	传动带的磨耗、损伤	目视以及用手触摸点检传动带上有无磨耗、损伤	无龟裂、破损、欠缺情形
	传动带的张力	用手指压飞轮与飞轮的中间，目视以及用手触摸点检	松弛量衡量指标为轴间距 ×1.6%
带传动	飞轮的磨耗、松动	目视以及用手触摸飞轮上有无异常磨耗、松动	无异常欠缺情形，传动带没有凹陷进飞轮的面
	飞轮平行度	用直定规目视点检两个飞轮有无平行状	目标：零间隙
链条传动	链条的润滑状况	目视以及用手触摸点检销与衬套之间的加油状态	没有缺油膜情形，无锈粉
	链条的张力与跳动、脉动	用手指压链条的松弛侧，目视以及用手触摸点检松弛量	松弛量衡量指标为轴间距 ×4%
	链条以及链轮的磨耗、损伤	目视点检磨耗、损伤	无异常磨耗、损伤情形，夹子插销无脱落情形
	链轮的平行度	拆下链条，用直定规点检两链轮间的平行度（如有基准平面，链条就不拆下）	2mm/1m 以下
电动机、变速器、减速器	电动机的异常发热	运转 1h 以后用温差贴纸做目视点检	容许温度以下（一般在 55℃ 以下）
	电动机风扇的损伤	拆下盖子目视点检风扇上有无龟裂、破损、间隙	无龟裂、损伤、间隙情形
	电动机的安装螺栓的松脱	目视点检安装螺栓是否有松脱	无松脱、对齐线位移情形
	变速器、减速器的异常发热	用手触摸点检变速器、减速器有无异常发热	容许温度以下（一般在 55℃ 以下）
	变速器、减速器的油量	目视点检有无在上、下限内	在界限内
	变速器、减速器的间隙	用手触摸点检有无异常的间隙	无异常的间隙松动情形
回转轴	键、键槽、销孔的变形、磨耗	目视点检键、键槽、销孔等部位有无变形、磨耗	无松动、脱落、折损情形
	轴偏心	目视点检轴有无偏心	无大幅度的振动（目标在 5/100 以下）

（续）

部位	点检项目	点检方法	判定基准
轴承	轴承部位的异常发热	连续运转 1h 以上后用手触摸点检有无异常发热	可用手触摸（5~7s）
	轴承部位的异常音	用听觉点检轴承部位有无异常音	不会发出大的金属音
	轴承部的加油、加脂状态	目视点检轴与轴承之间有无添入油或黄油	确认油位，排出已劣化的黄油
轴承	轴承固定螺栓的松脱	用扳手以及六角扳手增锁	无松脱情形（用适当的扭力锁紧） 在重要的部位上划上对齐线
齿轮	齿轮的润滑状况	拆下齿轮的外盖，目视点检齿轮上有无充分的润滑油	没有缺油膜情形
	齿轮的异常磨耗、损伤	目视点检齿面上有无条纹物、破孔、破孔欠齿、齿根部变瘦情形	无异常情形
	齿轮的异常音、异常发热	用手触摸连续运转中的齿轮箱，点检松动、异音、发热	容许温度以下（一般在55℃以下）
滑动面	滑动的磨耗、损伤	目视以及用手触摸点检滑动面有无磨耗、损伤	没有卡到的情形
	润滑状况	目视以及用手触摸有无油膜	没有缺油膜情形
	刮除脏污用的滑动片（刷子）的损伤	目视点检滑动片与滑动面是否贴合，有无损伤、劣化	与滑动面贴合
凸轮	接触子的接触面及沟槽的磨耗、损伤	目视点检接触面及沟槽上有无磨耗、损伤	没有卡到的情形
	接触子的磨耗、损伤	目视以及用手触摸点检接触子的磨耗、损伤	没有卡到的情形
	凸轮安装部位的松动	目视以及用手触摸点检凸轮安装部位上有无松动	无松动情形
	润滑状况	目视以及用手触摸点检滑动面有无油膜	没有缺油膜情形

表 3-16　油压系统的检查项目

部位	点检项目	点检方法	判定基准
作动油	油种的确认	目视确认作动油箱上有无张贴表示油种的标签	有张贴表示油种的标签
	垃圾、异物的混入	从作动油箱中层取样，对使用中的作动油目视点检垃圾异物的混入	无混入情形（放进试管内等做判定）
	水分的混入	从作动油箱中层取样，对使用中的作动油目视点检水分的混入	无混浊情形（放进试管内等做判定）
作动油	气泡的混入	从作动油箱中层取样，对使用中的作动油目视点检气泡的混入	无气泡情形（放进试管内等做判定）
	变色、劣化	从作动油箱中层取样，并与限度样本做比较	在颜色样本的范围内
	油压箱的油温	用温度计测量	运转 2h 后 55℃以下
作动油油箱	油面计	目视点检油面计的破损以及油量	油量在上、下限线内
	油箱的损伤	目视点检外观上有无腐蚀、漏油、螺栓松脱	无漏油、损伤、螺栓松脱情形
	油箱上板与配管部分的垫片	目视点检垫片上有无损伤、有无垫片	垫片（封条）无损伤
	加油滤网及通气装置	用手触摸及目视点检加油漏网以及通气装置有无破损，过滤器组件有无脏污、堵塞	有安装加油滤网，无堵塞、损伤情形
	油箱内底部的垃圾、脏污	用磁铁贴在油箱底部目视点检有无金属粉或异物	无金属粉、异物情形
回油滤网	滤网容器及组成组件的垃圾、脏污、损伤	用手触摸滤网以及目视点检内部组成组件的安装部位上有无损伤	无堵塞、损伤情形
泵单元	泵的振动及异常音	在无负荷的状态下目视点检驱动泵压力计有无异常摆动	压力计无异常
	泵的异常发热	连续运转 1h 以上后用检温器或变温贴纸做目视点检	55℃以下
	接头的漏油	泵停止后用手触摸点检配管接头	没漏油情形
	电动机的异音	用听觉点检有无异常音	没异常音情形
	电动机的异常发热	运转 2h 以后用检温器或变温贴纸做点检	55℃以下

（续）

部位	点检项目	点检方法	判定基准
压力控制阀	压力计的作动状态	目视点检玻璃的破损、指针变曲、指示在力	无损伤及漏油情形，标示了所指示的压力
	配管接头的漏油	用手触摸接头有无漏油并做目视点检	没漏油情形
	压力控制阀的作动状态	放松防松螺母，让压力上下变动，点检压力控制阀	正确作动
方向控制阀	方向控制阀的异常发热	用手触摸点检方向控制阀	可用手触摸
	方向控制阀的异常音	用听觉点检有无振动音或漏气等异常	无振动音或其他异常音
	方向控制阀的作动状态	让作动油向前进、中立、后退方向流动，目视点检调节器的作动	调节器确实停止
	配管接头的漏油	用手触摸接头，目视点检有无漏油	没漏油情形
流量控制阀	流量控制阀的作动状态	转动流量调整用的旋钮，目视点检调节器的动作	调节器的动作在正确地变化（点检回到正规的位置上）
配管以及转接部位	配管连接阀的漏油	用手触摸流量控制阀，做目视点检	没漏油情形
	配管转接处的漏油	用手触摸转接部位，目视点检有无漏油	无漏油情形
	配管的损伤、损毁	目视点检配管上有无变形、损伤	无损伤、变形情形
	配管的振动	用手触摸点检容易受振动部位的配管上有无安装支架支撑	无振动情形
调节器	头部盖子、活塞盖子处的漏油	用手触摸以及目视点检是否漏油	无漏油情形
	活塞的弯曲、损伤、磨耗、生锈	让缸头前进、后退，目视点检缸头连杆有无弯曲	无弯曲情形，正确动作（即使有损伤、磨耗、生锈，但只要没漏油就还可以）
	缸头的作动状态	让缸头前进、后退，目视点检运动有无停顿、不均	动作无不均衡情形、没有静止
	安装气压缸的螺栓的松脱	用手触摸点检气压缸的安装部位有无松弛	无松弛、脱落情形
	缸头连杆与加工点连接处的松脱、间隙	用手触摸加工点连接处，目视点检有无松脱、间隙	无松脱、间隙情形

表 3-17　空压系统的检查项目

部位	点检项目	点检方法	判定基准
过滤器	容器内、外面的损伤、脏污	目视点检	无积存情形 无龟裂、脏污、损伤情形
	过滤器的安装角度	点检过滤器的角度	垂直
压力控制阀	压力控制阀的作动状态	放松防松螺母，升降压力，点检压力控制阀	正确动作
	压力计的零点位置	点检归零的指示	在零点位置（判断，最小的刻度以内）
	压力计的作动状态	点检玻璃的破损、指针弯曲、指示压力	无损伤及漏气情形
注油器	油量	目视油尺	在上、下限范围内
	油类	目视点检是否使用指定油	用指定油
	油的劣化，垃圾、异物的混入	目视点检油的垃圾、异物的混入	底部无垃圾、异物
	油的滴入量	从滴下窗口目视点检油的滴入量	符合各设备的滴入量
配管以及转接部位	配管转接部位的漏气	涂肥皂水，目视点检有无漏气	无漏气情形
	配管的毁损、曲折	目视点检外观上有无毁损、曲折	无毁损、曲折情形
	配管的弯曲及弯曲的方法	目视点检配管的弯曲情形	90° 以上
方向控制阀	方向控制阀的作动状态	手动检查先导阀头部按钮，目视点检外观的脏污、堵塞	换向正常切换，无脏污、堵塞
	线圈部位的异常发热、异常音	用手触摸点检有无异常发热，用听觉点检有无异常音	55℃ 以下（5~7s），无异常音
	排气口处的漏气（加压时）	用手触摸点检排气口有无漏气	无漏气
流量控制阀	防松螺母的松脱	用手触摸点检防松螺母有无松脱	无松脱
	缸头、锁紧盖子、管路、油封气的漏气	用肥皂水点检有无漏气	无漏气
调节器	安装螺栓的松脱	用扳手点检安装的螺栓有无松脱	无松脱
	加工点接头的松脱、间隙	点检接头有无松脱、间隙	无松脱

表 3-18　电器系统的检查项目

部位	点检项目	点检方法	判定基准
控制板	继电器的劣化、损伤	目视点检继电器上有无劣化、损伤	无劣化、损伤
	配线的状态	目视点检绝缘包覆材上有无劣化、变色、损伤	无劣化、变色、损伤、松脱
		目视点检导线有无正确捆绑固定	正确捆绑固定
		用手触摸点检外接配线部位的插头有无松动及脱落	无松动及脱落
	接地的安装状态	目视及用手触摸点检接地线有无正确地装在控制板本体的安装部位上	正确安装
	异常音	打开门用听觉点检有无异常音	运转时无异常音
操作面板	表、灯类的脏污、损伤	目视点检表、灯类上有无脏污、损伤	无脏污、损伤
	灯类的作动状态	运转时，目视点检有无亮灯	运转时有亮灯
	箱门胶条的劣化、损伤	目视点检装在箱门外围的胶条有无劣化、损伤	无劣化、损伤
	箱内的脏污、垃圾、异物	目视点检箱内有无脏污、垃圾、异物	无垃圾、尘埃、异物
	端子、压着部位的脏污、生锈、损伤	目视点检各端子上有无脏污、生锈、损伤、变色	无脏污、生锈、损伤、变色
	端子的松动	用手持工具触摸点检各端子的螺栓有无松动	无松动
	开关的松动	用手触摸点检安装的开关有无松动	无松动
	配线的状态	目视点检绝缘包覆材料上有无劣化、变色、损伤	无劣化、变色、损伤、松脱
		用手触摸点检导线有无正确捆绑固定	正确固定
外部配线	配线的绝缘包覆的损伤	目视点检配线的绝缘包覆有无损伤	无损伤
	保护管的松脱、损伤	目视以及用手触摸点检保护管有无松脱、损伤	无松脱、损伤

（续）

部位	点检项目	点检方法	判定基准
转接箱	胶条的劣化、损伤（仅对必要的部位）	打开转接箱的门，目视点检胶条有无劣化、损伤	无劣化、损伤
	箱内的垃圾、尘埃	目视点检箱内有无垃圾、尘埃	无垃圾、尘埃
	端子、压着部位的脏污、生锈、损伤	目视点检各端子上有无脏污、生锈、损伤、变色	无脏污、生锈、损伤、变色
	端子的松动	用手持工具触摸点检各端子的螺栓有无松动	无松动
	配线状态	目视点检绝缘包覆材上有无劣化、变色、损伤	无劣化、变色、损伤
		目视点检导线有无正确捆绑固定	正确固定
电动机	端子、压着部位的脏污、生锈、损伤	目视点检各端子上有无脏污、生锈、损伤、变色	无脏污、生锈、损伤、变色
	端子的松动	用手持工具触摸点检各端子的螺栓有无松动	无松动
检出开关	杆上转子的松动、磨耗、损伤	目视以及用手触摸点检近接开关的杆上转子有无松动、磨耗、损伤	无松动、磨耗、损伤
	检出部位的脏污、损伤	目视点检检出部位上有无损伤	无脏污、损伤
	绑线部位的脏污、损伤	目视点检绑线部位上有无损伤	无脏污、损伤
	固定螺栓的松脱	用手触摸点检螺栓的固定部位有无松动	无松动
	卡爪的磨耗	目视点检卡爪部位有无异常磨耗	正常
主开关	仪表、灯类的脏污、损伤	目视点检开关箱的表、灯类上有无脏污、损伤	无脏污、损伤
	灯类的动作状态	运转时，目视点检有无亮灯	运转时，有亮灯
	开关箱胶条的劣化、损伤	目视点检装在箱门外围的胶条有无劣化、损伤	无劣化、损伤
	开关接点部位的脏污、生锈、磨耗	目视点检接点部位上有无脏污、生锈、磨耗	无脏污、生锈、磨耗

（续）

部位	点检项目	点检方法	判定基准
主开关	压着部位的损伤	目视点检压着部位上有无劣化、损伤	无劣化、损伤
	接地的安装状态	目视以及用手触摸点检接地线有无正确地装在开关箱本体的安装部位上	正确安装
控制板	表、灯类的脏污、损伤	目视点检开关箱的表、灯类上有无脏污、损伤	无损伤
	灯类的动作状态	运转时，目视点检有无亮灯	运转时，有亮灯
	箱门胶条的劣化、损伤	目视点检装在箱门外围的胶条有无劣化、损伤	无劣化、损伤
	换气滤网及风扇的脏污、损伤	目视点检滤网及风扇上有无脏污、损伤	无脏污、损伤
	箱内的脏污、垃圾、异物	目视点检箱内有无脏污、垃圾、异物	无垃圾、尘埃、异物
	端子、压着部位的脏污、生锈、损伤	目视点检各端子上有无脏污、生锈、损伤、变色	无脏污、生锈、损伤、变色
	端子的松动	用手持工具触摸点检各端子的螺栓有无松动	无松动

7. 电气系统相关保全的推进

电气系统保全一直为保全人员所困惑，下面重点说明一下：

驱动设备的原动机、检测位置和检测量值的传感器、操作设备的控制盘（控制装置），以及连接这些的电器配线等，是位于设备构成中枢的电器装置，很多都是看不见其运作的，在制造现场比较难以处理。

尤其是复杂的伺服控制的机器人、数控加工设备等机电一体化设备的结构是由机械部分和电器部分连接起来的，所以一旦发生故障，就连保全部门都很难下手。

电气系统的故障具有很难查明其原因、修复时间长的特征。虽说很多系统故障等一眼就能看懂，但如果故障原因是来自电气部分，其发生原因有可能是传感器安装部位的配线断线，在一般情况下，很多电气故障原因都是属于机械性、物理性等看得见的东西，可以通过日常使用和注意、点检等，对设备基本条件实施维护，防患于未然。

具体要按下列所示的关于电气装置各因素的点检要点加以实施，以做到事前预防。

点检要点的详细情况，请参考后面所述的总点检确认要点汇总。

（1）电动机的点检要点

1）是否有发热、振动、异味、异响等。

2）安装螺栓是否松动。

3）接线盒盖是否脱落。

4）除过滤器外，主机是否有污垢。

5）装置是否有损伤和磨耗。

（2）传感器的点检要点

1）各种传感器（限位开关、近接开关、光电开关等）是否有污垢，是否存在安装方面的松动；滚轴操纵杆的可动部等是否良好。

2）安装槽是否和滚轴吻合（从纵、横两个角度看）；槽的角度是否良好（45°以下）。

3）各种传感器的外观是否有损伤或磨耗（例如 LS 限位开关滚轴的磨耗）。

4）是否可以清楚地看懂各种传感器的标牌。

5）各种传感器上是否挂有水、油、蒸汽或其他异物。

6）各种传感器的绝缘电线有否从设备脱落。

7）光电开关是否安装在振动的架构上。

8）各种传感器的作动范围是否有余量。

（3）控制盘、操作盘的点检要点

1）控制盘、操作盘内部的整顿状况是否良好（配线不杂乱、盘内小螺钉没有脱落、盘内没有放置棉纱和图样等杂物，以及有防鼠咬措施等）。

2）控制盘周围的整顿状况是否良好（盘的拉门前没有放置其他物品）。

3）控制盘除过滤器外的部位是否有污垢。

4）盘上是否有多余的孔穴。

5）按钮开关、选择开关等是否有固定好。

6）显示灯的灯泡是否损坏。

7）各检测仪是否正确显示。

8）磁力开关、继电器等是否发出异响。

（4）配线的点检要点

1）配管、胶皮是否脱落和损伤。

2）电缆线类有无浸泡在水和油中。

3）配线末端是否按规定的接线柱安装（不要用芯线直接连接）。

4）电线的防护胶带是否正确卷好。

5）配线、配线的外包部位是否有扭曲、损伤、磨耗；配线之间是否有接触。

6）地线是否接好。

7）配线关系（可动部位的滑落、拉长、扭曲、硬化）。

（5）电气保全实施时的安全要点。电气是便利的能源，但又具有很大的危险性，所以为了避免电线之间的相互接触、人体与光电部分的接触，实施绝缘、铸膜，以确保设备的安全。但是，受光电部分无法完全铸膜、绝缘劣化等基本条件的制约，具有危险因素，所以在操作电气时，需要在如下状态下进行正确的作业。

另外，在关闭电源的状态下进行的一般性清扫是没有问题的，但在进行组件交换、配线修理等作业时，需要具备低压电使用作业资格证书。

1）不要用湿手触摸电气组件（尤其是开关类）。

2）戴手套，不要将身体裸露在外。

3）点检电气组件时，必须关掉电源开关，确认不再通电（使用验电笔）。

4）禁止在负荷状态下关掉电源开关（一般性原则）。

5）勿接触断开的、垂下的电线。

6）电气组件要防止水溅落，勿积压灰尘、勿妨碍散热、勿加热。

7）在电气组件的实验过程中，需多次"开""关"主开关，所以常出现忘记现在的状态的情况。因此，必须对"开""关"状态进行再确认后进入作业。

8）开电源开关时，不要正面朝向，不要用距离心脏近的手。

9）勿使用未配置漏电断电器的电工箱。

3.3.7 自主保全 4 大重点方法之目视化点检管理

目视化点检是利用形象、直观而又色彩适宜的各种视觉信息，把工厂潜在的大多数异常显示化，变成谁都能一看就能明白的事实，这也是目视化点检的目的。它是提高生产率的一种管理手段，也是一种利用视觉来进行管理的科学方法。

1. 目视化管理要点

1）目视化管理的对象是什么。

2）是否知道这些功能和结构。

3）是否为正常的状态。

4）是否知道点检方法和异常的判断标准。

5）是否维持和得到改善。

6）是否知道处置方法。

例如，即使油量在注油器油量的上、下限标识值内，也要知道油的消耗量是否合适等。

2. 具体的推进方法

（1）润滑相关示例

1）润滑口的颜色标识。

2）油位的上、下限标识。

3）油种标签和周期的标识，油壶上油种类别的标签标识。

（2）机械因素的示例

1）点检完毕的螺栓、螺母合格刻度。

2）保全中需要作业的螺栓的颜色标识，不需要作业的螺栓孔的颜色标识。

3）传送带、链条规格、旋转方向标识。

（3）油压、空压相关示例及其他

1）设定压力标识。

2）注油器的油量标识，油位计的标识。

3）配管连接标识（输入、输出）。

4）其他，如螺线管的用途标识，以及油种、电流值、流量、温度、LS 标识等。

3. 设备管理示例（见图 3-7）

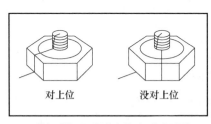

a) 螺钉对位（目视化点检时，根据油漆
记号线的位置，判定螺钉是否松动）

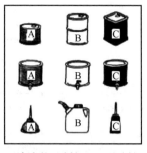

b) 用颜色管理油料（不同的油料用
不同的颜色区分，便于快速识别）

图 3-7　设备管理示例

3.3.8　自主保全 4 大重点方法之润滑管理

通常，设备中约 60% 的故障都是因为润滑不良所引起的。润滑不良造成设备精度降低，因而造成质量不良。根据设备的不同，各企业润滑管理的组织和体系也有所不同，润滑管理体系不是独立存在的，而是综合性的保全管理，任何时候都要活用，请一定不要忘记。

1. 为什么需要润滑管理

润滑可以防止设备或零部件的摩擦、磨损、发热、烧坏，提高设备的可靠性，从而维持产品质量，保证设备运转率。润滑管理旨在提高润滑功能，同时减少其维护费用和保全费用，为经济性的生产活动做出贡献。

润滑管理包括费用管理、技术管理等。在生产现场，润滑状态不好，会直接导致因设备烧伤、运转不良、漏油、污垢而引起的产品质量不良，以及油耗费量增大等无法预测的损失。适当的润滑可以大大减少设备故障，具有很重要的作用，同时，设备能够正常地运转也可以很大程度减少动力损失。

2. 润滑方式

一般使用的润滑方式见表3-19。

表 3-19　一般使用的润滑方式

润滑方式		内容	适用
浸油润滑	全损式① 手动加油	根据需要手动加油（因为很难保证一定油量，所以不要忘记加油）	加油频率比较少的轴承
	滴加油 灯芯加油	利用玻璃制造的注油器，调节一定量以后加油	中、小型机械运送链条
	机器加油	利用凸轮环等起动油泵，定量加油	真空油泵、空气压缩机
	喷雾加油	利用压缩装置把黏度低的油做成雾状和空气一起吹向加油面（是以冷却为主的加油方法）	磨床、压延机
	喷雾器加油	和喷雾加油相似	开放齿轮
	循环式② 循环加油	利用油泵循环加油	高速润滑轴承
	飞沫加油（飞溅）	利用发动机的曲柄和齿轮，使油盘中的油飞溅加油	发动机、小型减速器
	油浴加油	把轴承部分浸泡在油中	密封减速器
	轴环、轮环、链条加油	在轴上挂上轴环、轮环、链条，利其旋转加油	中速中、小轴承
	毛细加油	将毛毡放入油中，利用毛细现象给轴下方加油（需持续放入加油部位）	塔式起重机轴承

（续）

	润滑方式	内容	适用
加油润滑	润滑密封	所积压的油在轴承安装时预先密封	密封型圆轴承
	润滑盖子	用手按压封入润滑的盖子加油	低、中速轴承
	润滑枪	用润滑枪加油	一般轴承
	集中（强制）	用油泵、油栓往轴承集中加油	压延、冲压
	手动加润滑油	用手或毛刷往齿轮等开放接触面涂抹加油	

① 全损式加油，是指将润滑所需的最小限度的、能够一次性（1循环）消费完毕的油量加到所要润滑部位的加油方法。

② 循环式加油，是指使油不断循环，或者溜油的方式反复使用的加油方法。

3. 润滑管理的要点

1）在润滑管理中，关键是在设备运转中在合适的时间，用合适的方法加合适的油（合适的油种、合适的量、合适的方法、合适的时间——润滑的4原则）。同时，在引进设备的阶段，应引进非常规范润滑的设备。

2）在改善和推进润滑管理时，必须整体性地、系统性地研究润滑系统，即综合研究油箱、油泵、配管、冷却方法、过滤、加油、回收的路径等。

3）将设备的结构、运转条件和环境并为一体的润滑方式。在磨耗防止上采取全损式润滑；在冷却上采用循环式加油，而且加油时，必须将"温度70℃以下，旋转速度比较高，负荷也比较高，有冷却性，成本比较高价"等特征和油对比后进行选择。而且，根据润滑部位数量、加油量、加油间隔，分成集中自动加油方式、集中手动加油方式、手动方式等。

4）在选择润滑油时，从油种统一标准化的立场，必须努力实施油种的集中化。

5）选择能满足下列条件的润滑设备。

① 可以确认润滑系统正常工作的设备。

② 可以防止漏油，防止和消除空气、异物混入的设备。

③ 容易实施安装、调整、补给等保全的设备。

6）推进润滑管理手册、油种选定标准、润滑作业标准等的标准化。

7）在润滑管理上对重要的设备应制作润滑管理卡，明示润滑部位、油种、加油量、加油间隔等，并记录修理部位，以及一系列润滑管理信息。

8）为了使润滑管理成为易懂的管理，制作润滑标签、位置标签、加油间隔指示标签，研究顺利进行润滑管理的方法。

9）在现场润滑时，需要注意以下几点：

① 是否遵守正确的润滑方法。

② 是否有必须遵守的润滑标准，如果有标准，是否适合当下操作。

③ 是否有漏油现象。

④ 润滑时，要将符合用途的润滑油从指定的位置，在规定的时间内按规定的量注入合适的润滑部位。

10）漏油和损失。看似很小的漏油点，清扫时也可能带来不便，而且经过长时间的累积，损失也是非常大的，见表3-20。

表 3-20 漏油损失表

漏油的状况	1h 漏油量	一年漏油量	液压设备用油一年换算金额
线绳一样地漏油	—	116800L	1417952 元
丝线一样地漏油	—	32600L	395764 元
1s 5 滴	900~1125cc	8900L	108046 元
1s 4 滴	720~900cc	7100L	86194 元
1s 2 滴	360~450cc	3500L	42490 元
1s 1 滴	180~225cc	1800L	21852 元
5s 1 滴	36~45cc	350L	4249 元
10s 1 滴	18~23cc	180L	2185.2 元
1min 1 滴	3~3.75cc	30L	364.2 元
5min 1 滴	0.6~0.75cc	6L	72.84 元
10min 1 滴	0.3~0.38cc	3L	36.42 元

注：16~20 滴为 1cc，按 12.14 元 /L 来换算，每年以 365 天 ×24h=8760h 计算。

3.3.9 自主保全 4 大重点方法之 5S 活动

5S 是推进 TPM 自主保全活动的基础。现场工作效率提高从整理活动开始，通过整顿，排除所发现的浪费现象，通过清扫创造靓丽的作业环境（是质量提高的基础），持续做好前面 3S，经常保持无垃圾、无灰尘的现场，确保安全的第一步是从清洁做起的。

1. 自主保全活动中 5S 的思考方法

5S 是所有管理的晴雨表。自主保全的活动也包含 5S，它是顺利实施自主保全活动的基础。

1）通过全员参与的活动，制作强有力的体制。

2）改善成能圆满完成任务的现场。

3）通过 5S 打造能够长期维持管理、随时可以改善的强有力的现场。

4）创造清洁整齐的现场。

5）打造从结果管理进入原因管理的现场。

6）通过 5S 提高工作热情，提高人品、人的行动质量。

2. TPM 自主保全中 5S 的定义（见表 3-21）

表 3-21　5S 的定义

整理	明确分类需要的和不需要的物品，只要车间不需要的，一律废弃 注意：提高效率从整理开始
整顿	研究和安全、质量、效率有密切联系的物品的存放方法，做好明确的标记，使车间的全体人员都能看清楚，可以时随拿到手 注意：去除查找时间从整顿开始
清扫	打造无灰尘、无污垢的车间，从视觉和触觉上都很干净 通过清扫点检排查设备和辅助夹具的缺陷 注意：清扫即点检，清扫是提高质量的基础
清洁	所谓清洁是指对整理、整顿、清扫的维持 在这里包括保持车间、机械设备周围的安全和卫生 注意：安全的第一步从清洁开始
素养	必须遵守规定 注意：5S 从素养开始，以素养结束

3. 5S 活动的具体推进方法

把 5S 活动一次性提高到应有姿态很困难，和自主保全一样，分阶段实施更有效果。其标准的推进方法是包含在自主保全活动阶段中的，详细内容请参照下列说明的内容。

第 1 阶段：整理。

整理，即修改工程中的不要品、不明品、不良品，将其当作废弃物来清洁周围环境，有效、科学地利用空间。作为设备部门，很多时候会遇到长期不用或改造淘汰的物品，如果扔掉，后期在修理设备时，又可能会用到其中的某一个部件。所以，在进行整理活动时，一定要和设备技术人员一起对物品进行充分确认，不可轻易丢弃，以免造成浪费。

废弃物的判定参照以下内容：

1）整理阻碍质量和作业的设备、辅助夹具、配件、材料、文件等不要的、不明确的、多余的物品，使工序畅通无阻。

2）利用临时标准区分需要的和不需要的物品，丢弃不需要的物品。红牌作战——贴在全部不需要的物品上的整理活动很有效。

3）去除良品和不良品的混放、不同配件的混放以及配件和辅助工具的混放现象。

4）决不能在配件中存放工具。

5）去除照明、电风扇、工具、检测用具及设备等外观上的污垢，而且不放置功能性不良状况（安装在手不能触及的高空的照明、电风扇等，必须委托保全部门）。

6）清扫即点检的想法是期望发现不合格。

7）螺栓、小螺钉等零件掉落在地面上时不可放任不管。此外，作业区、通道、休息室要保持清洁。

8）如果螺栓、小螺钉掉落在作业现场，就会影响产品质量、作业质量、作业效率，必须在今后的活动中努力改善。

在第1阶段，由本工序负责把握这种状况。不管其严重程度如何，作业结束以后必须整理现场。在今后阶段中需要继续认真实施改善。

第2阶段：整顿。

整理结束后，把必要的物品整理在自己的周围，明确物品存放位置，是提高作业效率的基石，即整顿阶段。同时，这也是推进对阻碍活动进程的工序污染发生源和清扫困难点的改善，为今后的维持管理创造良好环境的阶段。

1）维持前阶段活动内容。

2）规定保管和存放物品的位置（整齐化），在保管器具上用标牌标识保管内容，并在工序内或通道上做好区域标识。

① 保管器具：棚、平板架、柜、垫板、桌子等。

② 例如，对存放在柜子里的物品做好标记，不需要打开即可知其内存物，至少要标识物品名称，可能的话，内容也要标识出来。

③ 要有效地布置存放场所。

④ 存放场所要贴上明确的区域标识。

⑤ 通常整列是指纵横垂直的状态，其实也没有必要必须做到纵横垂直，应以作业效率为优先。

3）分别管理保管品、样品等存放场所。

① 必须管理好试制品和半成品存放场所。因为这些物品关系到其他相关部门的责任，所以必须当作自己的事情来抓，积极要求相关部门的协助。

② 要明确存放保管场所的负责人，以及存放和保管的时间。

4）水管、电线类物品必须排列整齐，塑料箱和纸皮箱不要堆积过高。

① 为了排除颠倒的危险，看清工序整体状况，尽量堆矮一点儿（例如 1.5m 以下），控制堆积高度。

② 水管和电线长度要适合，不要互相干涉，不要挂在可动部位上。

5）改善螺栓、小螺钉、配件落地现象以及污垢发生源对策和清扫困难点对策。

查找作业中出现的螺栓、小螺钉、配件落地现象的原因，推进改善方案，属于自主保全活动的范畴，必须继续努力推进。

第 3 阶段：清扫标准化。

5S 的第 3 阶段也和设备的标准化一样，是推进看得见的管理，有效、快速、正确地推出确保作业、质量所需的内容，组成能够辨别异常状况的机构，提高整顿质量的阶段。

1）维持前阶段的活动内容。

2）考虑作业的效率，指定规定存放场所，有效地整理和整顿物品和器具。通过标签要能够了解器具中的物品，排列整齐，有效利用，使使用者容易掌握内部数量（定位、定品、定量）。理想结果是，能够不用寻找，就很容易拿到必要的工具等。

① 贴上标签，更容易掌握保管、存放中的物品内容。所谓标签是指标识板等其他明示物品所在的记号。每个工厂或车间应尽可能使用统一的标签。

② 器具里面也要实施清扫、整理，直接连结到整理、整顿。

3）管理、改善的推进要点。

① 定位、定品、定量——数量、场所的标示、标示指定席、摆姿、物品名称、区域。

② 标示摆设物本体。

③ 整顿工具——放置在使用点旁边、重视位置、归位。

④ 保管品的整顿——重新评估保有数、防止撞击、伤痕、生锈。

⑤ 半成品的整顿——量的规制、显示不良品、内容。

4）实施标准化，维持上述内容。但是在 5S 上需要制作标准书，以上述看得见的管理的实物管理为基本内容。

5）进一步改善螺栓、小螺钉、配件落地现象以及污垢发生源对策和清扫困难点对策。

第 4 阶段：清洁。

维持第 1~3 阶段的内容，尤其是要提高如下项目的水平。

1）改善物品和器具规定存放处，实施有效的、功能性的整列和整顿定位、定品、定量，以求不发生不良，提高作业效率。

2）推进工序内的污染发生源和清扫困难点对策和改善，即使在作业中也要保持物品的整齐，打造没有螺栓和小螺钉落地的现场。

第 5 阶段：5S 推进灵活化。

1）灵活运用 5S 活动诊断表（见表 3-22），对各个区域（小组）推行的活动进行诊断，找出不足的地方进行改善，同时评价出优秀小组与落后小组。

2）每日运用安全 5S 日检查管理表（见表 3-23）规范大家工作要求，同时点检出不符合要求的问题点进行持续改善。

3.3.10 自主保全 4 大重点方法之个别改善

为了彻底消除 6 大损失，可以进行个别改善活动，从而提升和发挥相关人员的技术能力、分析能力、改善能力。

1. 个别改善的定义

个别改善是 TPM 活动的第一个支柱，是对重复故障、瓶颈环节、损失大、故障强度高的设备进行有针对性的消除故障（损失）、提升设备效率的活动。

2. 个别改善的目的

个别改善的目的是改善设备损失，最大限度地提高生产率。其实施内容如图 3-8 所示。

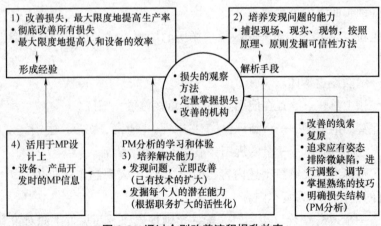

图 3-8 通过个别改善流程提升效率

表 3-22　5S 活动诊断表

车间/班组				评价日期			批准		审核		编制		日期		版次
评价人员															

做法和追求的管理 ｜ 应达到的水准

项目序号	程序	目的	怎样做	表单	追求的管理状态（主要项目）	备注	P 1 架构	P 2 表单	D 3 执行	D 4 记录	C 5 检查	A 6 计划修订	A 7 改善	水平1	水平2	水平3	水平4	水平5
1	基准明确	● 明确职责，创造个人履职条件	● 制订 5S 区域布置图执行基准	● 5S 责任分布区域图 ● 5S 执行基准	● 相对独立区域均有 5S 责任区域分布图与执行基准，且在现场或入口醒目处	● 相对封闭房间应贴在门口边，1 处不符合则扣 1/4 圈								○				
					● 执行基准与现场上物品及现场物品能对应	● 做到主要物品无遗漏，1 处遗漏扣 1/4 圈								○				
					● 岗位基准贴在自己的岗位边，员工知道自己的 5S 责任区域和执行基准	● 随机抽查一个员工询问，有 1 处不知或 1 个岗位的基准不在岗位边扣 1/4 圈								○	○			
2	基准执行	● 5S 的状态恒久维持	● 落实 5S 执行基准事项	● 5S 责任区域分布图 ● 5S 执行基准	● 物品标识达到了基准的要求，且没有无用或废弃物品	● 3 处不良扣 1/4 圈								○	○			
					● 现场物品放置达到了基准要求，员工无随手乱放物品现象	● 3 处不良扣 1/4 圈								○				
					● 按清扫周期进行了清扫，现场卫生无主无垃圾、及跑冒滴漏	● 3 处不良扣 1/4 圈								○				
					● 现场目视良好、在线或库存物品最大、最小量控制合理	● 3 处不良扣 1/4 圈										○		
3	行为规范	● 训练举止文明、充满活力、遵章守纪、技能精谙、有社会责任感的员工	● 察其言、观其行、坐、站、吃等姿势		● 遵章守纪范，不做标准之外的事	● 2 处不良扣 1/4 圈											○	
					● 主动配合检查、路口点指确认，工作有改善之举	● 2 处不良扣 1/4 圈								○	○			
					● 安全、质量、节能意识强、爱护公司财产、资源和装置	● 2 处不良扣 1/4 圈												○

（续）

项目序号	程序	目的	怎样做	表单	追求的管理状态（主要项目）	备注	P架构1	表单2	执行3	D记录4	C检查5	计划修订6	A改善7	水平1	水平2	水平3	水平4	水平5
4	自主诊断	• 强化自主诊断，逐步自主管理	• 编成自主诊断计划并实施	• 班组日常安全5S检查表 • 车间5S诊断计划与结果	• 班组每天进行安全与5S检查，并进行得分评价 • 科内有自主诊断计划并实施（系长、科长每周诊断2个所辖班组，安全员每天诊断1个班组）	• 1天没检查扣1/4圈 • 1次没按时诊断扣1/4圈								○	○			
5	内部考核	• 建立激励机制，纳入规范化管理	• 纳入到班组、车间对员工、班组长的考核基准之中	• 员工考核基准：班长；班组系长考核基准	• 班内每周评选5S做得好的员工有加分、做得差的有扣分，并有记录（查最近三个月记录） • 班组对5S有目标管理及月度评价记录	• 1周未评选扣1/4圈 • 1个月无记录扣1/2圈，只有好没差的记录扣1/4圈										○	○	
6	问题整改与基准修订	• 持续改善、达成PDCA	• 根据实施中发现的不完善或遗漏之处进行	• 5S问题整改一元化管理表 • 5S执行基准	• 将车间问题点及本班的5S与7行为规范问题编制成一元化管理表进行整改管控，并在规定时间内整改 • 指摘问题点得到了彻底的水平展开 • 用修订后的基准培训了员工并确认（从修订当月开始）	• 没有记录扣全圈，缺少1个月的自主诊断记录扣1/4圈 • 没有一元表或全圈，3项没整改扣1/4圈 • 没有水平展开不全或全圈；有3处发生现象和有重复发生现象扣1/4圈 • 没有培训员工，有3人未培训或执行不良扣1/4圈											○	○
诊断结果		达成度计算			达成项目数/确认项目数（%） 该水平达成度（%）									5/5	5/3	5/3	3/3	2/2

注：
1. 在各项目中，1~5水平指各项目所达状态水准；圆圈涂满1/4表明得该项目得0.25分，涂满圆圈则表明得1分。
2. 本表满分5点，评价如右：1.5分以下，未达标；1.5~2.5分，达标；2.5~3.5分，一般，即达成平均水平以上；3.5~4.5分，良（期待水准）；4.5分以上，优（追求的管理状态）。

表 3-23　安全 5S 日检查管理表

20×× 年 ×× 月 ×× 车间　安全 5S 日检查管理表

序号	检查类别	评价比重	项目	项目分值	检查评价项目标准	1	2	3	4	5	6	7	8	9	10	11	12	13	14	15	16	17	18	19	20	21	22	23	24	25	26	27	28	29	30	31
1	地面清洁	15%	灰尘	5	地面干净无积尘、积油、积水、杂物；一处扣1分，3处以上扣5分																															
			异物	5	没掉落的纸皮、垃圾及零件；一件扣1分，3件以上扣5分																															
2	放置与标识	10%	放置	5	放置标准、完整无残缺或破损；出现断缺一处扣1分，3处以上扣5分，定位不标准扣5分																															
			标识	5	清晰、对应、无破损，悬挂标准牢固；一处扣1分，3处以上扣5分																															
3	劳保防护	5%	防护	5	按工种要求标准穿戴；一人不符合扣5分																															
4	记录与点检	10%	KY	5	作业前落实，记录并落实；一人没落实扣1分，3人以上扣5分																															

确认

编制

93

（续）

序号	检查类别	评价比重	项目	项目分值	检查评价项目标准	1	2	3	4	5	6	7	8	9	10	11	12	13	14	15	16	17	18	19	20	21	22	23	24	25	26	27	28	29	30	31
4	记录与点检	10%	点检	5	岗位始业点检记录并落实；一人记录并没落实扣1分，3人以上没落实扣5分																															
5	夹具	10%	现场	5	现场工具有明确放置位置及标识说明；一人没明确位置要求扣1分，3人以上扣5分																															
			工具柜	5	类别标识清楚，工具分类摆放合理整齐；一个人柜子没有达到要求扣1分，3人以上扣5分																															
6	消防器材	5%	器材	5	消防器材性能良好，表面清洁，点检标准；一处不合格扣5分																															
7	料架容器	10%	料架	5	摆放规范，有放置好并标识，无损环；一处不合格扣5分																															
			容器	5	摆放整齐、规范，无破损；一处超标堆积，乱放扣5分																															
8	休息场所	15%	资料	5	标识清楚、规范，按要求放置；一处扣1分，3处以上扣5分																															
			桌椅	5	有责任人，摆放整齐、规范，表面清洁；一处扣1分，3处以上扣5分																															

（续）

序号	检查类别	评价比重	项目	项目分值	检查评价项目标准	1	2	3	4	5	6	7	8	9	10	11	12	13	14	15	16	17	18	19	20	21	22	23	24	25	26	27	28	29	30	31
8	休息场所	15%	办公用具	5	有责任人、摆放整齐、规范，表面清洁；一处扣1分，3处以上扣5分																															
9	易燃品管理	10%	场所标识	5	放置易燃品位应有明显标识，易燃品容器上粘贴醒目标识；一处不合格扣5分																															
			规范放置	5	按易燃品规定对易燃品进行存放置；一处不合格扣5分																															
10	人员行为	10%	点指确认	5	行走车间内路口必须进行点指确认；一人扣1分，3人以上扣5分																															
			走人行道	5	在车间内行走，人员必须在人行道上行走；一人扣1分，3人以上扣5分																															
当日检查评价分数																																				
折算水平：Σ总分数/项目数（保留2位小数）																																				

个别改善在 TPM 5 大支柱当中是改善效果最好的，希望大家用标准的方法来进行推进。

3. 针对不良、故障的个别改善推进方法的注意点

4.3 节"设备故障及其改善对策"中讲解了有关不良和故障的相关手段，在自主保全活动中应注意以下基本点：必须记录不良和故障、小停机的内容和停止时间、次数等，明确识别和表示。

4. 个别改善思考方法

如果不明确设备的具体破坏程度，就不能实施改善。设备运转记录是明确这些内容的基础。人们经常以工作太忙，没有记录时间为由不认真记录，所以所列内容不够充分。

如果是这样，就不能得出定量性数据，其结果只能是敷衍了事。即使有自动记录表上没有列举的项目，只要觉得有必要，可以手写补充。这种运转记录不仅对自主保全，对其他相关部门也有很大帮助，所以必须坚持认真记录运转数据。

5. 个别改善具体推进方法

1）在设备运转记录中，作为从工序的入口到出口的整体连接，必须从时间或者量的、质的角度捕捉所有事实。不要记录成从作业时间开始的多少分钟，而应该记录成从第几分钟到第几分钟。只有这样才能包含综合效率、故障强度率、不良率等所有事实。

2）利用小停机次数和确认清单，分门别类地进行记录。

3）按照设备的故障和小停机、不良的内容和停止时间、次数，或者按照原因的类型识别，进行组合，把作用分担、改善日程做成一览表，不明确的不良状况，必须按照原因类型重新识别，直到明确问题的关键所在。

① 根据原因类型制定具体改善对策计划。

② 规定重要程度，实施改善。

4）必须取得具体成果。通过彻底维持以自主保全点检计划表为基础的设备基本条件以及根据设备总点检的不良状况修复，推进设备个别改善，以不良和故障为中心取得定量性成果。

① 根据从不良和故障总结的自主保全账票（管理表单），实施针对不良状况的根本性对策。调查主要不良状况发生的流程，追究到底，实施设备的源头管理，防止不良状况的再次发生。通过这种活动加强设备。

② 推进工序的重点改善和设备的个别改善。

a. 必须关注车间、工序的改善重点，即慢性不良、慢性故障、质量保全等内容。

b. 在设备改善过程中，要充分利用 PM 分析和其他分析手段，循环 PDCA，用主体性行动进行改善。

c. 如果只是依靠自主保全活动，很难根除 6 大损失，也难以完成 QDC 成果目标，所以只有认真履行自主保全各阶段的活动项目，以自己为主体，同时和其他部门携手，才能完成挑战性目标。

3.3.11　TPM 推行 10 大要点

1. TPM 活动开始前的培训

在 TPM 活动开始前进行相关内容的培训，使相关人员完整地理解 TPM，可以大大提高 TPM 推行活动的效率，包括以下内容：

1）为什么要推进 TPM？

2）哪个支柱适合自己的企业？哪个支柱的效果最好？哪个支柱最重要？

3）自主保全是做什么的？

4）TPM 自主保全做得好不好的评价指标是什么？

2. 部门间的协助

重要的是生产部门和推进部门以及间接部门之间的协助；自主保全是生产部门实施、维修部门协助，这个一定要清楚。目前有些公司的自主保全是维修部门主导，如果生产部门意识不到自己在设备管理中的不足，自己不愿意改变，任由设备部门或外部顾问来主导推行，肯定会影响效果，正如孵化的小鸡，小鸡要从蛋壳里面破，而不是从外面来敲，否则易造成小鸡死亡。

管理者应多讨论，做好自主保全支援体系：这里指的不是全部交给生产部门来实施，而设备部门一点儿不管，设备部门需要及时地支持，如：

1）活动过程中发现需要支援的问题时，设备部门要快速支持解决。

2）设备部门要对小组人员进行培训。

3）推进办要对小组成员进行评价。

3. 作业本身

使全体员工了解"自主保全就是作业本身的一部分"，这样的思考方式应深入人心，而不是把自主保全当作一种任务，领导安排就做，不安排就不做，这样是持续不下去的。

4. 小组活动主体

自主保全以小组为中心开展所有活动。如果不以小组活动为主体，活动对象（设备）和人员就会比较混乱，不能很好地进行下去。

5. 重点设备先行

管理者应发掘成果良好的指导小组，让其起带头作用，评定方法请参考以下内容：

1）参加人员要广泛。维修人员、质量人员要参加，横展小组组长最好参加，以便后面进行横展开。

2）重点设备要有代表性、共同性，方便制定标准和横展，样板设备要能持续生产，不能没多久设备就不能使用，不然又要选择其他设备，重新再来，浪费时间。

3）重点设备要有一些问题。通过活动解决这问题来树立团队信心。

6. 培训

按活动目的和每个阶段的目标，结合标准书进行培训，培训的参考流程如下：

1）了解每台关键设备对应的标准书。

2）根据标准书编制 OPL 或标准作业书。

3）根据设备重要程度实施点检作业培训以及相关的安全培训。

4）把每个人的技能培训结果纳入个人技能履历表。

5）进行技能常态化管理，根据标准找出差距，进行提升技能的培训。

7. 实践主义

TPM 以零排除、零故障、零不良的革新对策为目的。要想成功，除了彻头彻尾地实践，没有别的方法。

8. 实际效果

按活动目的给出具体主题，使活动得到实际效果，目前大家错误地认为，只要推行 TPM，企业的问题就能解决，其实如果不能明确具体主题的推进，是解决不了根本问题的。

9. 由本人决定

由操作人员参与制定应遵守的准则，如果是员工参与制定，员工大多会想办法遵守，如果员工不参与标准的制定，会想办法证明这标准不适合，所以本人参与标准的制定也是非常重要的。

10. 自主保全诊断

诊断对活动的活性化或小组的指导有帮助，具体包括：

1）通过诊断找出小组活动中的不足，进行改善。

2）通过诊断评价各小组的推进情况，形成对比。

第4章 设备效率的提升

制造现场主要有三个核心方面的提升：人员效率的提升、设备效率的提升、原材料利用率的提升。本章主要介绍设备效率的提升，通过对现场6大损失进行分析，准确把握设备效率，明确生产中具体环节的具体损失以及可以进行的改善工作，使企业可以轻松找到影响生产率的瓶颈设备，并进行改进和跟踪，以达到提高生产率的目的，同时使企业避免不必要的损失。

4.1 设备效率

4.1.1 提升设备效率的方法与目标

设备效率反映设备的运转状态，应从量和质两方面考虑，旨在利用最小的投入获取最大的产出，提高附加价值。

1. 提升设备效率的方法

1）从量的方面看，增加设备的运转时间。

2）从质的方面看，实施各种改善活动来减少不良品，提高合格品产量。

2. 提升设备效率的目标

提升设备效率的目标是发挥和维持设备的固有能力，以及最大限度地提高和维持包括人的能力在内的人机系统能力⊖。这里所说的最大限度是指以实现"零不良""零故障"等为目标。虽然要做到这一点有很多困难，但是必须向这个目标发起挑战。

4.1.2 阻碍设备效率的6大损失

阻碍设备效率的就叫做损失，这种损失通常被分成6种（见表4-1），也有7

⊖ 人机系统能力：营造以员工为核心的作业环境，通过科学设计和布置工作场所，让员工既方便又安全且不产生生理和心理压力地轻松工作。目的在于创造任何人都能轻松、有效、均衡地完成QCD指标的作业条件。

大损失的说法，就是在此基础上增加了刀具损失[⊖]。

表 4-1　设备的 6 大损失

序号	损失名称	损失内容	目标	备注
1	故障损失	因突发或慢性发生的故障而引起的时间损失（原则上停机 5min 以上的为故障损失，5min 以下为小停机）	零	必须在所有设备中实现零目标
2	准备、调整损失	随着设备正式运转前的准备、调整而产生的损失，是指直到生产出合格品为止所需的时间损失	最小化	尽可能短时间（单一目标）
3	小停机、空运转损失	因临时故障而停止或空运转时的时间损失。很多情况下，消除工件不到位或切换复位开关等简单的处理即可使设备恢复运行	零	必须在所有设备中实现零目标
4	速度降低损失	相对于设备、计划生产周期时间和实际周期时间之差而引起的时间损失	零	实现差异为零，或者提高速度
5	不良、手工修复损失	因不良和修理而产生的物件损失和工时损失以及重新生产所需的时间损失	零	指能用 PPM（每百万单位）衡量的程度
6	开机损失	从开始生产到产品品质稳定之间所发生的损失，起因是加工条件的不稳定，模具、辅助夹具的维护不良，作业者不熟练等	最小化	—

4.1.3　设备效率的指标

　　设备效率的指标用设备综合效率来表示，也就是 OEE。它和 6 大损失之间的关系如图 4-1 所示。我们必须分析这些损失的相关内容，实施相应对策，将设备维持和管理在"零损失"的最佳状态。

　　设备综合效率因车间和设备及计算方式、行业不同，其结果也不同。现在网络上有人提及"中小民营企业 OEE 在 60%，大企业 OEE 在 70%，外贸企业 OEE 在 85%"，这是一种错误的说法。比如，连续性的化工，治金行业 OEE 就会高于离散行业，这与行业性质和计算方式有关。

4.1.4　设备综合效率和每人每小时产量

　　提高设备综合效率的目的不仅仅是提高产能，还有提高包括质量、成本在内的综合能力。但是设备综合效率不考虑人的因素，它只是衡量负荷时间和产量以及周期时间的指标，所以在低负荷运转时，如果不减少负荷时间而减少制造人

　　⊖　刀具损失：因更换刀具所耗费的时间损失。

员，设备综合效率也会降低，从表面上看犹如降低了生产率。

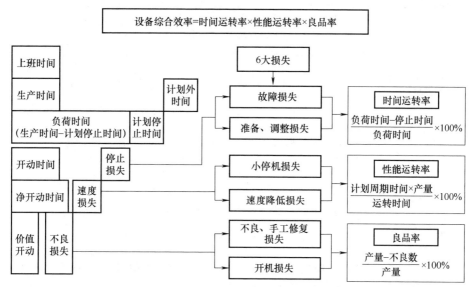

图 4-1 设备综合效率和设备的 6 大损失之间的关系

所以，在人的因素起很大作用的工程中，设备综合效率就要和每人每小时产量指标一起进行评价。提高设备综合效率，就是排除损失，不受生产负荷变动的影响，使 QDC 始终保持较高状态，以提高生产率的指标。所以人员变动、产量变动、周期时间变动时，OEE 的数据不能当作唯一的数据进行参考。设备综合效率相关指标用语及含义见表 4-2。

表 4-2 设备综合效率相关指标用语及含义

用语	用语的含义
设备综合效率	是测定设备的综合性时间损失程度的指标
纯工作时间	指专门从事生产活动的时间，扣除午休和因完成生产而停止的时间
负荷时间	为了完成生产计划，必须运转设备的时间 负荷时间＝纯工作时间－计划休息时间
计划休息时间	日常管理中进行的早晚会、工间休息、点检和试制时间等，以及与设备管理状态不相干的计划性停止时间
运转时间	设备实际运转的时间，从负荷时间扣除因故障、准备、调整等而停止的时间
真正运转时间	从运转时间扣除因空运转、小停机及速度降低等所损失的时间 真正运转时间＝计划周期时间 × 良品数

（续）

用语	用语的含义
价值运转时间	从真正运转时间扣除不良品再生产所需的时间 价值运转时间 = 计划周期时间 × 良品数
时间运转率	测定因故障、准备、调整等造成的停止损失程度的指标 $$时间运转率 = \frac{负荷时间 - 停止时间}{负荷时间} \times 100\%$$ $$= \frac{运转时间}{负荷时间} \times 100\%$$
性能运转率	测定因空运转、小停机、速度降低等造成的时间损失程度的指标 性能运转率 = 速度运转率 × 真正运转率 $$= \frac{计划周期时间 \times 产量}{运转时间} \times 100\%$$
速度运转率	在速度运转率内，测定因速度降低造成的时间损失程度的指标 $$速度运转率 = \frac{计划周期时间}{实际周期时间} \times 100\%$$
真正运转率	在性能运转率内，测定因空运转、小停机等造成的时间损失程度的指标 $$真正运转率 = \frac{实际周期时间 \times 产量}{运转时间} \times 100\%$$

4.1.5 设备综合效率和计算示例

1. 设备综合效率计算公式

设备综合效率 = 时间运转率 × 性能运转率 × 良品率。

2. 计算示例

假设：

1）1天纯工作时间：480min（60min×8）。

2）1天计划会议休息时间：20min，其中早晚会和休息时间各10min。

3）1天停止时间：20min，其中故障停止和准备、调整时间各10min。

4）1天负荷时间：460min。

5）1天运转时间：440min。

6）1天产量：330个，合格品数量：329个。

7）计划周期时间：1.20min/个。

8）实际周期时间：1.25min/个。

则：

$$时间运转率 = \frac{440}{460} \times 100\% = 95.7\%;$$

$$速度运转率 = \frac{1.20}{1.25} \times 100\% = 96.0\%;$$

$$真正运转率 = \frac{1.25 \times 330}{440} \times 100\% = 93.8\%;$$

性能运转率 $= 96\% \times 93.8\% = 90.0\%$。

$$良品率 = \frac{329}{330} \times 100\% = 99.7\%。$$

设备综合效率 $= 95.7\% \times 90.0\% \times 99.7\% = 85.9\%$。

4.2　设备改善

4.2.1　设备改善的基本思路

为了在日趋激烈的企业竞争中取胜，其绝对条件是维持设备的最佳状态，保持质量、交货期、成本的最理想状态。为了彻底排除阻碍生产的损失，最大限度地提高设备的效率，必须努力实施设备改善。

一般情况下，设备管理曲线呈浴盆形，设备改善可以延缓劣化期的到来。但只依靠捕捉现象的活动，即使能研究出解决表面上公开化的损失的对策，却无法解释因没有被公开的损失而导致的慢性不良状况，使其在没有研究出根本性对策的情况下被忽视掉，严重影响生产率。所以设备改善在注重显而易见的突发损失的同时，也要注重不易察觉的慢性损失。

4.2.2　慢性损失和突发损失

损失可分为慢性损失和突发损失两种（见图 4-2）。慢性损失是指通常在同一现象的偏差范围内发生的损失，而突发损失是指超出某一偏差范围而发生的损失。总之，有时会出现很多同一现象，有时会出现复合现象。

突发损失是在设备、辅助夹具、作业方式等条件出现很大变动时发生的，此时必须采取能恢复到原状态的对策。

慢性损失是在变动极为微小、几乎感觉不出来的状态下慢慢发生的。所以很难判断其发生原

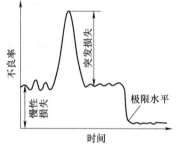

图 4-2　慢性损失和突发损失

因，尽管采取很多对策，也很难解决所有慢性损失。所以需要用不同于过去传统观念的新思路设定新的管理要点，采取根本性对策。

慢性损失和突发损失的比较见表 4-3。

表 4-3　慢性损失和突发损失的比较

比较点	慢性损失	突发损失
发生状况	在某种偏差范围内发生	超出某一偏差范围水平
暴露（显现）程度	① 难以暴露（显现） ② 对于速度降低损失，由于设备速度标准不明确，所以很难暴露 ③ 通过与极限水平或技术水平对比使其显现	通过和现状水平的比较，容易暴露
原因	① 很多时候原因／结果的关系都不明确 ② 复合性原因很多	① 比较容易查明原因／结果的关系 ② 单一原因较多
对策	因为是复合性原因，所以尽管采取各种对策，但还是很难解决问题	因为原因比较简单，所以采取的对策也相对简单一些
经济性	一次损失很小，但因为经常发生，累计起来就会变大，损失额也会逐渐升高	一次损失就很大
和 6 大损失之间的关系（交叉点）	① 慢性不良损失 ② 慢性故障损失 ③ 准备、调整损失 ④ 小停机损失 ⑤ 速度降低损失	① 突发不良损失 ② 突发故障损失 ③ 准备、调整损失

4.2.3　设备的可靠性

1. 什么是设备的可靠性？

设备的可靠性是指设备不发生故障的性质，以及设备和零部件在一定条件下、在规定期间内能够发挥其应有功能的性质。从这个意义上讲，在计划期间内，不发生故障、安全运转的设备就是可靠性高的设备。

2. 固有可靠性和使用可靠性

设备的可靠性包含固有可靠性和使用可靠性，如图 4-3 所示。

1）固有可靠性：是指在设备和零部件的设计、制造、安装过程中被赋予的特性，是设备与生俱来的可靠性。

2）使用可靠性：是指设备和零部件在生产活动使用的过程中，受到操作、保全、使用环境等因素的影响而显示出的可靠性。

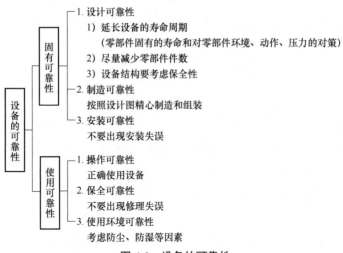

图 4-3 设备的可靠性

为了获得可靠性高的设备，首先必须选定技术能力强的设备制造商，将过去的故障数据和制造部门现场使用的意见，提前反映到新设备的设计上，而且尽可能设计成简单实用、操作方便、易于维护且维护成本低的设备。在设备使用阶段，必须提高操作者的操作技能、管理技能和保全人员的维修技能。

3. 衡量设备可靠性的标准

（1）平均故障间隔时间（Mean Time Between Failure，MTBF） 表示从修理故障到下次发生故障之间的运转时间平均值，该值越高，可靠性越高。

$$平均故障间隔时间 = \frac{负荷时间 - 故障停止时间}{故障停止次数}$$

（2）故障强度率 表示故障停止时间与负荷时间的比率。

$$故障强度率 = \frac{故障停止时间}{负荷时间} \times 100\%$$

（3）故障度数率 表示在负荷时间内发生设备故障的概率。

$$故障度数率 = \frac{故障停止次数}{负荷时间} \times 100\%$$

计算示例：

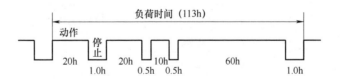

$$平均故障间隔时间 = \frac{113h-3h}{4h} = 27.5h$$

$$故障强度率 = \frac{3h}{113h} \times 100\% = 2.7\%$$

$$故障度数率 = \frac{4h}{113h} \times 100\% = 3.5\%$$

（4）设备完好率　这一指标有很多企业还在使用，但它的确是过时指标，不实用。设备完好率的由来：在建设大庆油田的时候，挖油的"磕头机"设备的运行状态如何进行管理是当时需要解决的一个问题，于是提出了设备完好率这个指标。前提条件是相同的设备时，统计完好率有意义，如果设备的种类不同，统计完好率意义不大。另外，现在的生产模式和对设备管理的要求较以前发生了很大变化，设备完好率这个指标不适合现在，所以不适合再使用。可以这样思考一下：某企业焊装生产线有 100 台机器人，其中一台发生了故障，设备完好率为 99%，但是，因为一台机器人故障，造成线体停止，未能在规定时间完成产品交付。即便完好率为 99%，也失去了意义。

4.2.4　设备的使用方法和改善方法

设备整体的可靠性是固有可靠性和使用可靠性的乘积。一般情况下，可靠性低的主要原因是设备使用技术和设备使用经验不足。

设备使用技术是指提高固有可靠性的有效使用技术和提高使用可靠性的有效运用技术（见图 4-4）。有效使用技术是指为了发挥设备最大能力，有效利用如可靠性、保全（维护）性、安全性等设备本身所具有的最佳性能的技术。有效运用技术是指为了最大限度地维持利用设备所具有的能力，必须进行的正确的操作、异常的发现、保全维护等与人相关的技术。

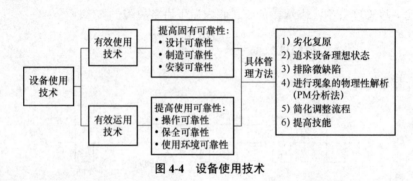

图 4-4　设备使用技术

为了提高设备的可靠性，在发生故障时，首先要明确故障的原因出于哪种可靠性，掌握劣化复原、追求设备理想状态、排除微缺陷、进行现象的物理性解析、简化调整流程、提高技能等具体管理方法。根据这些推进方法提高设备的固有可靠性和使用可靠性，使设备的效率达到最佳。

下面介绍关于劣化复原、追求设备理想状态以及排除微缺陷的知识。

1. 劣化复原

设备状态会随着时间的推移而变化，检查这种变化程度，使其恢复到原来正确状态的过程就叫做劣化复原。

在很多情况下，设备都是在不知不觉间逐渐发生变化的，如果这种变化程度不是很大，就很难发现，经常被忽略。但是，这种被忽略的小变化常常随着时间的流逝逐渐变大，最终导致突发性故障或慢性故障，这种变化就叫做劣化。

劣化包括自然劣化和强制劣化两种。自然劣化是指即使采取正确的使用方法，设备也会因物理性能原因而发生变化；强制劣化是指因没有采取清扫、点检、润滑、紧固等正常使用方法，人为地导致设备发生变化。在生产现场，强制劣化现象远远多于自然劣化。

为了复原劣化，使设备恢复到正常状态，必须做到：

1）熟悉设备原有的正确状态。

2）规定检查劣化的方法。

3）设定劣化判断方法和标准。

4）确定复原方法。

那么，复原作为设备慢性故障的一种对策，如果不认真追查劣化真正的发生原因，就匆匆忙忙地变更设备结构、形状、材料等，将很容易遭遇失败。这是因为设备在结构、形状、材料上并不一定有问题，真正的问题在于零部件的加工精度、组装精度，所以只有将这些复原到原有的正确状态，才能使设备恢复到不发生故障的正常状态。

所以，在变更结构、零部件以前，必须先进行复原，确认结果，只有经过复原后还不能达到目的时才实施改善。

对设备来说，关键是要保持整体强度和精度的平衡。所以不要把眼光只集中在故障部位，复原时必须充分考虑整体的平衡，否则就很容易再次发生故障。

2. 追求设备理想状态

设备所追求的状态是最大限度地发挥和维持设备的功能和性能，使其能够达到从工学原理、原则考虑，或从理想状态考虑时所希望看到的状态。

组成设备的配件，由于直接关系到不良和故障，要从设备正常运转所必需的条件以及理想状态运转所必需的条件两个方面考虑，但经常有人轻视或忽视后者。尤其是在应对慢性损失时，更应该从原理、原则方面追究原因，使设备恢复到正常的状态。

在研究设备所追求的状态时，有一些要点必须注意，如图 4-5 所示。

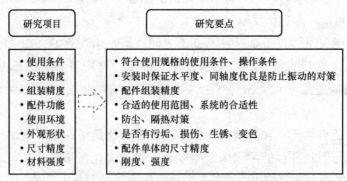

图 4-5　研究设备所追求的状态的注意点

3. 微缺陷的排除

（1）缺陷分类　缺陷包括大缺陷、中缺陷、微缺陷。

1）大缺陷：引发设备停止的缺陷。

2）中缺陷：设备可以运转，但直接影响产品质量和运转率的缺陷。

3）微缺陷：是指无法再进一步细分化的缺陷状态，通常被认为给产品质量、设备故障等带来的影响微乎其微，灰尘、污垢、松动等属于此范畴。这些微缺陷因为给结果带来的影响很小、不会立刻影响到故障等，经常被忽视。而且，如果只发生一个微缺陷，是不会导致设备停止的，但是如果几个微缺陷叠加在一起，就会影响产品质量和运转率，所以必须在慢性损失对策中排除这些微缺陷。

（2）排除微缺陷的重要性

1）杜绝相乘作用。为了杜绝因几种微缺陷叠加发生而产生相乘作用，必须重视微缺陷，采取相关对策。相乘作用是指，在几种微缺陷叠加时，各缺陷的作用累加输出，增大了故障风险。

即使各种微缺陷发生的概率非常小，但也有可能诱发其他微缺陷，与其他微缺陷叠加在一起，和其他要因一起引发连锁反应。所以，不要忽视微缺陷，必须要有耐心地采取对策。

2）原因集中化。为了集中可以预见的造成微缺陷的各种原因，发现解决问题的突破口，也应重视微缺陷、慢性不良和慢性故障等现象。但很少有人自觉去发掘其原因，这是因为：

① 虽然不良状况导致的结果只有一个，但是关联到这个结果的微缺陷却很多。

② 每次的微缺陷组合都不同。

可想而知，从最初阶段开始，如果只从"原因何在"的角度考虑是很难解决全部问题的，所以必须从原理、原则着手，彻底消灭各种微缺陷。

3）防止缺陷变大。如果放任微缺陷，就会加快强制劣化的进程，微缺陷有可能成长为中、大缺陷，所以必须在早期采取对策。

（3）指出微缺陷时的注意事项

1）从原理、原则看问题。从工学的原理、原则看现象时，必须观察其与设备的相关性。不要被现象所迷惑而进行高难度的理论解析，必须从初步的原理、原则考虑，找出相关的所有微缺陷。

2）不要局限于贡献率。不要考虑某个微缺陷会对结果会带来多少贡献率，也不要局限于传统观念的束缚，必须从道理上进行思考，找出相关微缺陷。如果过多地考虑贡献率，微缺陷就会成为二次缺陷。在初期阶段（不良率高和故障多）就找出对结果影响较大的微缺陷，并采取重点对策，效果会很好。但是，对于慢性不良和慢性故障，我们常常不清楚其影响程度，如果从最初阶段就开始实施重点措施，微缺陷将不能显现出来，也无法取得最终的效果。

4.3 设备故障及其改善对策

4.3.1 设备故障分类与相关损失

日常生活中，人们经常习惯性地说出"故障"这个词语来，但一般情况下，人们所认为的故障是指设备因某种原因被迫停止的状态。其实，设备在运转时，出现速度降低、产品质量不良、能源损失等情况，就不能算是正常状态，必须把这些现象也看作故障。从大的范围分类故障，可分成表 4-4 列出的两种故障类型。值得强调的是，故障并不仅仅是指停止状态。

故障和损失之间的关系如图 4-6 所示。

表 4-4　两种故障类型

故障的类型	故障的形态
突发型故障 （功能停止型故障）	是设备的全部功能停止（不得不停止）型的故障，虽然也有可能只有部分功能停止，但是其结果会造成全部功能停止
劣化型故障 （功能降低型故障）	是设备的部分功能降低，虽然没有导致全部功能停止，但却发生各种损失（精度不良、速度降低、空运转、小停机）的类型的故障

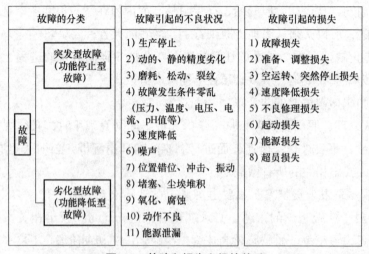

图 4-6　故障和损失之间的关系

这些损失的合计有时候高达负荷时间的 30%~50%。我们平时致力于减少不良、提高运转率和能效、节能等很多活动时，也必须重视因设备故障的损失给各种结果带来的不良影响，使突发型故障和劣化型故障显现。全体人员都要致力于设备保全。

如果15t重的汽车通过最大负荷为10t的桥梁，那么这座桥梁就会遭到严重破坏。并且，在此后的很长一段时间内，连 10t 以下的汽车压力都承受不起，最终遭到废弃。

这个道理对设备而言也适用。虽然在设计阶段会根据实际情况进行充分的安全考虑，但是在闲置的状态下，随着时间的流逝设备功能仍会逐步劣化，最终因突发型故障而被迫停止。这种负荷超过强度的状态就叫做故障。负荷和强度的样式如图 4-7 所示，负荷和故障之间的关系如图 4-8 所示。

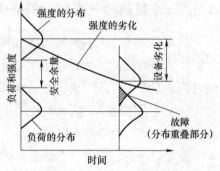

图 4-7　负荷和强度的样式

(负荷)	→	(故障结构)	→	(故障方式)	→	(原因)
灰尘	→	过滤器	→	堵塞	→	漏油 → 金属烧损
冲击	→	安装的螺栓松动	→	位置错位		
动作次数	→	弹簧疲劳	→	折损		

图 4-8　负荷和故障之间的关系

在生产现场，除了对故障损失大的设备认真进行点检，还必须采取如下措施：

1）通过实施清扫、润滑及正确的操作减少负荷。

2）通过预防保全维持设备现有精度（更换劣化配件等）。

3）通过变更材料和尺寸提高设备强度。

图 4-9 所示为全寿命周期曲线，又因其形状如浴盆，所以也叫做浴盆曲线。

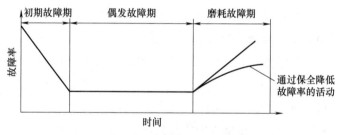

图 4-9　全寿命周期曲线

（1）初期故障期　初期故障期的设备故障是在运转初期因设计或制造方面的失误以及生产工序等原因而引起的，这一时期的故障随着时间的流逝会逐渐减少。应采取的对策是，配合试运转的实施，进行初期流动管理活动；同时，为了不再重复出现同样的问题，收集现场问题点并反馈给相关部门，避免下一批设备出现相同问题。

（2）偶发故障期　偶发故障期是故障发生稳定期，其故障是因运转操作或保全失误而引起的。应采取的对策是，必须掌握正确的操作方法，正确实施日常保全维护活动。

（3）磨耗故障期　这一时期，部分设备即将到达使用寿命，故障率重新开始回升。应采取的对策是，通过实施改良保全和预防保全活动来延长设备寿命，以及提前更换老化的配件，防止突发型故障。

因为全寿命周期曲线是针对故障发生倾向而实施保全的重要判断标准，所以必须充分利用。

4.3.2　减少设备故障的对策

1. 故障为什么不会减少

在故障反复发生、改善活动进展不顺利、故障减少对策缺乏证据等情况下，我们经常能听到如下辩解：

1）因设备太旧，故障是不可避免的。

2）虽然下决心进行大修就能减少故障，但长期停止生产就不太合算。

3）因为设计原本就不好，所以不太可能超过这个水平。

4）还是换新的划算。

如此轻率地下定论或过早地失去信心合适吗？虽然不。虽然很难用一句话来概括，但是观察现在的保全维护状态，还是能发现存在着很多对策上的问题的。例如，制造部门对日常点检活动的关心不够，未按照标准书的要求进行点检，存在只注重表面形式、应付差事的现象……因而漏掉很多潜在的缺陷。如果不改变这种状况，就很难减少故障，陷入如下境地：

1）基本条件不具备。大故障的发生，很多时候都是由灰尘、磨耗、松动、变形等微缺陷积攒起来导致的。日常的清扫、点检、润滑、紧固活动被称为设备运行的基本条件，如果不切实实施，就会造成潜在缺陷。

2）使用条件不具备。如果不遵守使用条件、实施正确的操作，设备将不能充分发挥应有的功能。例如，在油压系统中，作为油压设备漏油或控制开关动作不良等现象的对策，不仅要更换油管的密封垫，还要对其温度、流量、压力、劣化状态等实施管理方面的对策，即必须具有防止异物混入和配管振动、定期紧固阀门安装部位及接头等维护管理体系。

3）设备劣化。正确维持设备功能的前提是必须保持精度和强度的平衡。但是，在实际发生故障的部位之外，还有其他劣化部位。虽然没有达到直接导致设备完全停机的程度，可是常常会造成小停机，关键是这种劣化状态在很多时候无法引起人们足够的重视，通常只进行了故障部位的改善（变更设计和提高强度等），所以无法从根本上恢复可靠性。因此，在实施设备改善以前，必须恢复劣化部分。

4）故障解析不充分。如果故障解析不充分，就会阻碍对策实施，因此在故障原因和现象的因果关系中，必须完全把握故障现象，具体包括：

① 充分把握故障现象发生前后的状况。

② 充分解析现象发生的过程。

③ 对于紧固配件用的螺栓折损等，马上对策，如提高螺栓强度，采取防振动对策的定论（有时根据现场情况，也可能属于错误的改善方法）。

如果用物理或工科知识能够解析故障现象，就等于了解了一半以上的原因。

5）以设备为中心，但忽视人的行动（技能）的重要性。如果追究设备故障深层次的原因，说大部分都是因为操作者的行为而导致的一点也不为过。例如：

① 因操作失误而导致的故障。

② 没有在应加油的地方加油。

③ 没有注意紧固件（螺栓、螺母）的松动，置之不理。

④ 没有认真实施日常点检。

⑤ 没有定时更换配件。

⑥ 修理方法不合适，等等。

人跟设备的接触方式上往往存在很多问题。所以必须积极进行教育培训，提高有关设备的知识、技能。

2. 如何减少设备故障

必须从固有可靠性和使用可靠性两个方面考虑减少设备故障的方法。在这里特别要强调设备使用阶段中减少故障的对策。面对日益高精密化和复杂化的设备，因使用阶段的操作运转不当、保全维修技能不足所导致的设备故障也越来越多。在前面"故障为什么不会减少"中所提到的错误都要解决，但是首先要暴露出潜在缺陷，并采取适当的措施进行处置。整理故障发生的诸多原因时，应按照一定顺序，逐项实施改善。减少故障的 5 种对策见表 4-5，其中的设备基本条件（清扫、点检、润滑、紧固）的维护是防止劣化的最低条件。

表 4-5　减少故障的 5 种对策

1）具备基本条件	彻底实施清扫、点检、润滑、紧固	
2）遵守使用条件	① 使用条件的维护 ② 实施正确的操作	
3）修复劣化部位	① 早期发现异常征兆 ② 修复劣化部位 ③ 不要仅实施故障部分的改善	指出和处理潜在缺陷
4）改善设计方面的弱点	① 充分解析故障原因 ② 改善设计方面的真正弱点	
5）提高技能	① 提高操作技能 ② 提高自主保全技能 ③ 提高计划保全技能	

4.3.3　小停机对策

1. 什么是小停机

小停机是指设备因临时性故障被迫停止或空运转的状态。例如，工件堆在流水线（输送装置）上面空转，或传感器信号接触不良被迫临时停止等。在这种情况下，只要取出工件，再重新返回到原来状态，就很容易恢复正常运转，所以类似这些问题很少被看作是故障，经常被人们忽视。但是，这些细小的故障也能降低运转率，无故增添操作者的工作负担，甚至在进行异常处理工作当中，一不留神就能导致灾害（事故）发生。

2. 无人运转

无人运转是指在一定时间内不需要作业者在场的无故障状态下的运转。无人运转也是一种从手工作业转换到自动化的技术课题。但是在设备管理方面，必须做到提高工序能力，稳定品质，延长工具寿命，实现停止时间零化。尤其是设备停止，不管是因为故障，还是因为小停机，都必须实现零化。所以"零小停机"是实现无人运转所必需的条件。

3. 小停机对策的具体推进方法

（1）发现和纠正微缺陷　解决小停机问题的第一步是发现微缺陷。作为一种手段，设备清扫是最有效的方法。尤其要把清扫的重点放在工件的移动、摺动、接触部分上。清扫时，要注意必须带着"和设备所追求的状态相比，以现有的状态能否维持设备的各种功能"这样的意识去清扫；不要当作美化环境的一般性清扫，要充分利用五官的感觉，注意观察和发现设备的异常现象。

（2）对现象进行物理性解析　通过发现微缺陷以及认真实施基本条件的维护，能够消灭大部分小停机。但是，还不能完全达到"零故障"的程度。这时候必须从物理的角度解析现象。

物理性解析是指，假如有一个配件受到损伤，可以将这种现象解析成是在两个物品产生接触的过程中，物理性较弱的一方受到了损伤，然后通过查找这两个物品是在何时、何处发生的接触，研究出对策方法。

小停机的次数和结果比较容易掌握，但是很难观察现象发生的过程。如果不考虑小停机现象发生的状态，仅仅凭借结果进行判断，很容易导致大差错的出现。所以必须仔细观察小停机现象所表现出来的方式，并对其原因进行分类（见表4-6）。表4-7为某次小停机解析方法。

表 4-6　小停机的现象分类和原因分类

系统	现象分类	原因分类	系统	现象分类	原因分类
搬运系统	1）堵塞 2）卡住 3）衔入 4）跨压 5）折断 6）供应不足 7）供应过量 8）脱落 9）插入失误	1）因原材料、配件引起 ① 尺寸不良 ② 外观、形状不良 ③ 其他材料混入 2）因搬运供应系统引起 ① 运送装置制作形状（如表面状态、损伤、污垢、接缝平坦度）不良 ② 与送料器相关（振幅、共振、平衡、最佳供应量、安装状态）的不良	组装系统	1）挤压破损 2）一次多料（2 个以上） 3）没有夹紧 4）定时混乱 5）组装不良 6）排除时出现失误	1）因组装系统引起 ① 辅助夹具精度不良 ② 组装精度不良 ③ 配件精度不良 ④ 定时混乱 2）因技能引起 ① 准备、切换的调整失误 ② 安装、调整失误
			检查系统	设备误作动	因检查系统引起 ① 检查系统本身不良 ② 传感器的安装方法和位置不良 ③ 不合适的感应条件 ④ 调整不良 ⑤ 定时混乱 ⑥ 使用条件不足

表 4-7　小停机解析方法

现　象	物理性表现	成立条件	和设备、材料之间的关系
以某次小停机为例：因感知装置的运转而引起停止；真空喷嘴吸附不良	吸引力降低	1）工件本身的变形	① 工件的外观变形 ② 工件尺寸不合适
		2）真空系统的作动不良	① 真空度较弱 ② 真空度存在偏差 ③ 定时混乱
		3）从接触面吸入空气	① 吸附喷嘴有磨耗 ② 工件供应辅助夹具有磨耗 ③ 工件通过供应夹具输送时排列不整齐 ④ 接触不良
		4）轴心错位	① 吸附喷嘴的供应夹具的芯错开 ② 吸附喷嘴的夹口磨损 ③ 因振动（共振）导致位置错开
		5）工件供应不良	① 工件供应不足 ② 工件供应过量

　　像这样采用表 4-6 的分类和表 4-7 所列的以物理性看法为主的解析方法，可逐渐改善小停机。必须以这个解析结果为基础，才能实现现有安装条件和加工条件的最佳化。

（3）弱点研究　如果在实施上述推进方法以后仍不能减少小停机，就可以认为这是设备设计上的原因。必须研究设备的结构、材料、辅助夹具的结构、检查系统和运转系统等设计上的弱点（问题点）。

（4）制定小停机对策的关键点　必须用自己的眼睛确认现象，要有足够的耐心来分析现象。

为了达到上述目的，操作者必须经常清扫（点检）设备，以便尽快熟悉设备。另外，通过清扫也可以发现设备的异常征兆。通过这些行动养成正确判断设备状态的习惯，和保全部门一起合作推进对策的实施，只有这样，才能彻底消除小停机。图 4-10 所示为小停机对策的系列阶段。这是根据 PM 分析总结出的手段，关于 PM 分析，详见 4.7.1 节。

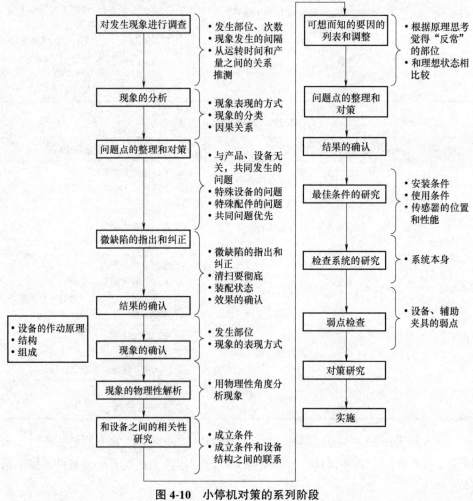

图 4-10　小停机对策的系列阶段

4.4 准备、调整损失的对策

4.4.1 什么是准备、调整损失

从结束现产品生产到生产出下一个合格品的过程中，因产品、模具等的切换以及准备作业所需的时间损失，称为准备、调整损失。

准备、调整损失改善的目标是"使准备、调整损失最小化"，为此开始出现"混流生产和同步生产"，投产需要很多设备投资，所以在一般情况下以"周期内准备、单独准备"为目标，进行作业和工具的改善。

混流生产是企业在一定时期内在一条流水线上生产多种产品的生产方式。将工艺流程、生产作业方法基本相同的若干个产品品种，在一条流水线上科学地编排投产顺序，实行有节奏、按比例的混合连续流水生产，并以品种、产量、工时、设备负荷全面均衡为前提。同步生产是指流畅制造必须使生产过程与最小的产品生产周期保持同步，同步化可以通过加工过程的物理连接、工序之间使用缓冲库存（先进先出）或者建立生产拉动系统实现。

4.4.2 准备、调整损失的问题点

1）没有充分把握作业的实际状态。没有把握好作业步骤、方法、技能等以及辅助夹具的形状、结构、精度等现状。

2）作业步骤不明确。没有实现作业标准化；或者虽然有作业标准，但没有认真遵守。

3）有关调整的研讨不够彻底。没有区分哪些是可以避免的调整，哪些是不可避免的调整。

4.4.3 准备、调整损失对策的着眼点

1. 内部作业、外部作业、调试作业分离

1）内部作业：无论如何也不得不把设备停下来进行的作业转换。

2）外部作业：可以在设备运转当中进行转换。

3）调试作业分离：从工件安装好到合格品开始生产需要的调试时间。

2. 将内部作业转换为外部作业

以浪费时间为例（内部时间→外部时间）：

1）停机以后才将部件或工具移至设备处。

2）在装配时才发现工具或部件的缺陷。

3）在部件安装好后才发现部件的缺陷。

4）在装配过程中更换和维修部件。

5）在装配过程中寻找部件、螺钉、材料等。

3. 减少内部作业时间

1）采用平行作业。

2）采用标准化工具。

3）采用快速紧固件。

4. 消除调试作业时间

作业转换工作中的调试过程，一般占整个作业转换时间的 50%~70%。减少调试时间，对缩短整个作业转换时间是非常重要的。

5. 减少外部作业时间

将准备模具、工具和材料的作业充分程序化，而且必须达到标准化。改善的方式是缩短准备时间。

4.4.4 准备、调整损失对策的具体推进方法

1）把握现状的作业实绩。

2）调查设备、结构、辅助夹具等的特性。

3）作业分析。

4）设定准备、调整的目标时间。

5）推出和整理改善方案。

6）实施改善方案。

7）试行。

8）试行结果问题点的整理和对策。

9）确认对策结果和总结。

4.5 解决速度降低损失的对策

4.5.1 什么是速度降低损失

速度降低损失是指设备设计时的周期时间（计划周期时间）和实际周期时间

之间的差。形成这种差异的原因是设计时没有经过充分研究，导致设备刚性不足或工具寿命不能维持，所以经常发生达不到计划的周期时间的现象。

4.5.2　速度降低损失的问题点

1. 设计使用规格不明确

设计使用规格不明确，使设备在不清楚周期时间界限值的情况下运转。

2. 不按计划周期时间完成

设备发生的质量和机械性故障已经修复解决，但没有人去注意它，置之不理。

3. 窝工时间延长

和加工时间相比，到达加工点的窝工时间管理过于宽松，造成时间延长，但没有人注意到这种现象，置之不理。

4.5.3　解决速度降低损失对策的具体推进方法

1）调查现状的每个动作的周期时间。

2）确认使用规格（计划）和现状之间的差。

3）调查过去的故障。

4）指出在提高周期时间时可能发生的问题点。

5）研究可能发生的问题点的对策。

6）整理试行结果的问题点，实施对策。

7）确认速度降低对设备、结构部位的影响。

8）确认对策结果。

4.6　解决不良损失的对策

4.6.1　保全管理和质量不良

对质量保证而言，传统的做法是对已经生产出来的产品进行管理，即使有质量不良追踪对策，也规定了不流出不良的管理项目，但关于如何遵守这些规定也存在未明确的地方。而且，仅凭自主保全和个别改善，很难完全根除慢性不良状况。目前，以自主保全为基础的"用工序打造产品质量"的理念越来越被推崇。质量保全的概念图，如图 4-11 所示。

随着现在大力推行设备自动化、省力化的趋势，质量被设备状态所左右，保全管理对维持和提高质量起到至关重要的作用。

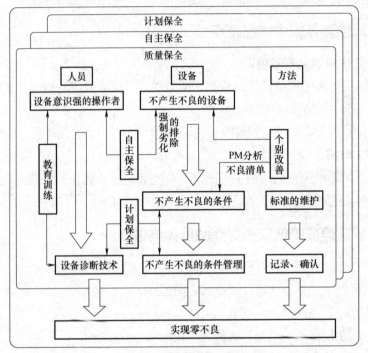

图 4-11　质量保全的概念图

4.6.2　什么是质量保全

质量保全是指管理与质量相关的"人、物、设备、方法"，提前防止不良发生，实现零不良的过程。

1）了解不因设备而导致不良发生的设备条件——条件设定。了解为维持这些条件的点检、测定方法及测定值和质量特性之间的关系并实施标准化。

2）定期点检和测定这个标准，分析测量值与标准值之间的变化关系——条件管理。

3）预知不良发生，提前实施设备对策——维持改善。

如上所述，质量保全的目的是"实现零不良并维持管理"。维持这个"零"的是人（操作者），所以必须建立"明确规定设备条件，并坚决执行"的体制。

4.6.3　质量保全的推进方法

质量保全的推进方法见表 4-8。

表 4-8 质量保全的推进方法

阶段	实施内容	要点	运用的工具
阶段 1： 现场把握	● 收集数据 ● 编制各工序不良矩阵 ● 是否判明了原因 ● 调查运转条件	● 收集 2 年以上的数据 ● 全体人员仔细观察 ● 写入所发现的事项	● 各工序不良矩阵 ● 帕累托图 ● 运转条件一览表
阶段 2： 一次性不良 状况的修复	对已经判明原因的不良状况和运转条件有误的项目采取修复对策	如果暂时想不到对策，就明确其原因，积极研究合适的对策	不良对策管理表
阶段 3： 慢性不良的 要因分析	通过给不良优先顺序定位及实施 PM、层别分析来解析要因	不要拘束于经验、观察，要以事实为基础进行判断	● PM 分析 ● 原因解析 ● 帕累托图
阶段 4： 慢性不良的 原因消除	实施和促进对策	● 编制不良对策管理表 ● 严格管理对策进展 ● 实施看得见的管理	不良对策管理表
阶段 5： 零不良的条 件设定	● 整理设备管理条件，落实到设备点检标准上 ● 编制 QM 矩阵	● 如果难以采取根本性对策，要编制不良预知单，以防止不良 ● 活用更加广泛的技术	● QM 矩阵 ● 不良预知单 ● 设备点检标准书
阶段 6、7： 零不良的条 件管理和改善	确认设备条件管理项目实施状况，改善记录状况的跟踪点检工时	定期确认设备点检记录和到现场核实，不好的地方必须在早会上报告	记录设备点检实施状况

4.6.4 质量不良需要关注的地方

1. 细分不良，进行观察

（1）用"放大镜"观察不良部位

1）确认质量规格和质量特性。

2）仔细观察不良部位。

① 和相似的不良进行比较。

② 观察表面的凹凸和断面。

③ 分析异物。

（2）按现象分类不良项目

1）利用观察结果重新分类。

2）用任何人都能理解的语言描述现象（简洁易懂）。

（3）明确不良项目的内容，假设现象、发生的机构和要因（进一步追究事实的前阶段）

（4）从现场作业员处确认何时、在何处、以何种状态发生的不良项目，并进行整理，用5W2H方法加以识别

2. 追究加工原理和原则

（1）为了制造合格品，确认所必要的原理和原则　以切削加工为例：

1）加工原理。旋转夹紧的工件，使刀具切到工件表面，并沿与工件轴心平行的方向移动，切削工件表面，按照规定形状和尺寸完成加工。

2）加工原则。

① 工件必须按规定转速旋转，不能晃动。

② 刀具必须直线运动。

③ 工件中心和切削刀具中心必须一致。

（2）分析各工序的功能和上、下工序之间的关系

（3）分析设备、辅助夹具、作业工具的基本功能、二次功能和不良之间的关系　例如：

1）基本功能（必要条件）。制造产品所必需的条件。例如打开车床卡盘、安装材料。

2）二次功能（充分条件）。作业中即使不实施这个顺序也能制造产品，但它可能是造成质量和产量不良的一个条件。例如清扫、点检（车床加工时没有点检，因为滚珠丝杠端盖螺钉松动出现间隙，造成工件表面加工时有刀纹）。

3. 仔细观察现场事实

1）查出不符合加工原理和加工原则的现象。

2）查出微缺陷。

4. 改善问题点的具体内容

1）减少加工的调整，以谋求变动要因的固定化。

2）满足基本功能（必要条件）和二次功能（充分条件）。

3）彻底实施不良再发防止对策。

5. 对作业者实施完全可以接受的教育培训

不仅要传授经验和方法，还要让其明确为什么必须要这样做。

4.6.5 质量保全和设备诊断技术

1. 设备诊断技术

过去，为了提前防止不良和故障而实施的定期点检和定期维护是在一定周期内以时间基准保全（TBM）为中心开展的活动。

为了进一步高效地开展保全活动，提出了状态基准保全（CBM），它是以设备诊断技术为基础实施的维护方式。这是一种基于过去发生的故障，对在故障层别分析中显现（暴露）弱点部位和弱点故障模式，用诊断技术和状态监视方法排除故障潜在要因的活动。诊断和状态监视可以说是故障发生的要因管理的维护方式。

以设备劣化状态的倾向管理为目的，现场使用手持诊断仪器，把握劣化状态的方法叫做简易诊断。以测定数据为基础，使用精密测量仪器，明确其异常的部位、程度、原因、对策等的综合性诊断叫做精密诊断。例如，在振动测定时，简易诊断由制造部门操作者实施，精密诊断由专业保全人员负责实施。

质量保全需要掌握正确的、定量的设备状态，而设备诊断技术就是实施这种保全活动所必需的技术。除此之外，设备诊断技术还广泛适用于故障预知、配件剩余寿命预知等领域，所以很多工厂都在努力实施这种诊断。

2. 设备诊断技术概要及活动

设备诊断技术概要见表 4-9，设备诊断技术活动的组织计划示例见表 4-10。

表 4-9　设备诊断技术概要

诊断目的	目标	具体适用事例
故障诊断	故障修理的迅速化 损失最小化	1）检查工具破损程度 2）自我判断、检查设备的异常 3）检查电气控制元件
故障预知、不良预知	提前防止不良故障	1）监视重点设备的状态 2）通过简易振动计实施倾向管理 3）润滑油的倾向管理
剩余寿命预知	延长构成配件的寿命 提高保全的经济效益	1）通过振动计监视设备状态、预知和延长设备的寿命 2）通过真空计预知激光焊接机的密封、油泵等的寿命 3）通过负荷电力计找到加工最佳条件

表 4-10　设备诊断技术活动的组织计划示例

部位	基础技术	测量仪等	内容	负责		保全方式				管理		对象	
				设备诊断	计划保全	自主保全	紧急保全	预知保全	预防保全	异常感应	状态监视	开发	推广普及
旋转	振动分析	振动计、简易振动计	对工作机械、锻造机械旋转轴承的倾向管理、状态监视诊断	○	◎		○	◎	☆	○	●	◎	☆
润滑	溶剂分析	比重计、PH计	通过对溶剂洗净机的洗净溶剂的倾向管理，提高洗净质量，延长溶剂寿命	○	●	○	◎	●	◎		◎		☆
	润滑油管理	铁粉记录图	通过倾向管理和精密分析，开展延长寿命、油种统一活动	○	◎	●	●	●	●	○	●	○	●
			开发简易监视器和油水分离器	○			○	●	●	○	●	○	●
	切削油管理	折射计、毫伏计	通过倾向管理，延长溶剂、工具寿命，进行提高质量的活动		◎	●	●	●	●	○	●	○	●
			提高修正盘用切削油的纯度，延长工具寿命		◎		○	●	●	◎	☆	◎	●
电气	故障诊断	PT[①]、CNC[②]	开发PT、CNC、定时器故障诊断装置			○			○		●	●	☆
刃具	振动分析	振动计	延长车床刃具的寿命，使加工条件最佳，找到切屑处理对策	○			○		●	○	●	○	●
	负荷电力分析	微小电流计	使齿轮磨床、内面磨床达到最佳条件，监视设备状态	○			○	◎	●	●	●	○	●
	切削力分析	监视器	通过监视切削工具的切削力，监视加工点的系统	◎			○		○		◎	○	○

（续）

部位	基础技术	测量仪等	内　容	负责			保全方式			管理		对象	
				设备诊断	计划保全	自主保全	紧急保全	预知保全	预防保全	异常感应	状态监视	开发	推广普及
刃具	热分析	放射温度计、热电对比	根据切削工具的加工热度，预知寿命及最佳加工条件	◎			◎	●		◎	●		●
	变位分析	激光变位器	NC 磨床、滚切盘的最佳加工条件	◎			◎	●		◎	●		☆
开发	设备自我诊断	开发	监视因数控发动机的绝缘不良而引起的故障状态	●				●			●	●	☆
	真空分析	精密真空计	通过解析电子束焊接器焊接室内的真空测量，监视设备状态	◎	◎		○	◎			◎	◎	●
	保全支援	SUGURE③	工作机械故障解析支援系统		●			●	●		●		☆
	真空分析	真空计	监视真空压铸工艺中的模具真空度状态	◎	◎			●			●	◎	●
	压力分析	压力计	根据挤出的压力判定 PDC④设备上的模具劣化的系统	◎				◎		◎	●	●	☆

注：○—现状，◎—1 年后，●—2 年后，☆—将来。
① PT：电压互感器。
② CNC：数控加工中心。
③ SUGURE：电压、电流激增。
④ PDC：分配处理控制器或数据中心。

4.7　个别改善方法

为了能够经常维持设备的良好状态，必须在认真实施日常保全的同时，解除突发故障、速度降低、小停机、运转损失等所有损失，以保持设备的良好状态。

从人的因素考虑，操作者不要只顾着生产，保全人员要摆脱"头痛医头、脚痛医脚"的思维方式，要研究从根源上解决问题的方法，操作者、保全人员、技术人员应齐心协力，共同致力于改善活动。

通常，在个别改善活动中使用的改善分析方法有 QCC 手法、5 问法（WHY-WHY）、IE 改善手法、PM 分析、FTA、FMEA 等，其中 QCC 手法、5 问法、IE 改善手法用于解决大的问题，有很多这类书籍可参考，本书就不一一介绍。本书重点介绍 PM 分析法，它适用于长期、慢性故障的分析，FTA 用于故障的系统分析，FMEA 用于提前识别风险。

4.7.1 PM 分析

1. 什么是 PM 分析

所谓 PM 分析，是指在 TPM 活动中逐步形成的一种最常见的分析问题的方法。它强调分析问题时要从现象入手，并遵循现场、现物、现实、原理、原则的"三现二原"原则，研究问题发生的根本原因。

PM 分析的由来如下：

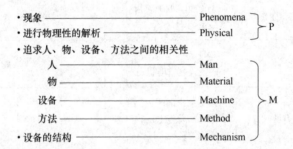

2. PM 分析的特点

过去的分析思路，大多都是依据 QC 分析法来进行的，这种传统方法对于故障率和不良率较高的场合，能够发挥很大的威力，可将改善目标制定为减少 1/2 或 1/3，来推动组织内的持续改善。但是，即便如此也无法达到"0"的目标，那么剩余的不良就演变成了慢性损失。表 4-11 为 QC 分析法和 PM 分析法的对比。

在设备损失中，尤其是小停机、慢性故障、慢性不良状况等，过去虽然也有针对性地采取过很多对策，但效果不是很明显，或者相关问题干脆没有被当作损失看待，人们在很多情况下都对其置之不理。其实设备发生损失的原因不止一个，往往由多种原因引起，而且每次造成损失的原因都有所不同，所以导致人们一直没能认真细致地掌握真正的原因，经常只是采取一些临时性对策。归根结底有以下几个原因，如图 4-12 所示。

表 4-11 QC 分析法和 PM 分析法的对比

对比	QC 分析法（以往的分析方法）	PM 分析法
目标	● 减少 1/2 或 1/3	● "0"
考虑方法	● 重点思考	● 不做重点思考
	● 消除有较大影响的因素	● 从原理上考虑，只要影响到不良的，全部加以考虑
	● 着眼于特定的主要因素	● 将考虑的全部主要因素列个清单
	● 即使不懂设备也能够做到	● 对各要因进行全面调查，如果有缺陷立即修改
	● 原理上不考虑	● 如有可能，归纳后修改
	● 提出无关的主要因素	● 不能改好时，要修改基准（为了指出缺陷）
	● 漏掉重要的主要因素	● 贯彻到每个人
解决方案	● 特性要因图	● PM 分析
其他	● 不良率较高时有效	● 不良率较低时有效
	● 即效性大	● 针对慢性损失

◆ 要因的列举过于粗糙
◆ 与现象无关的要因同时出现
◆ 遗漏影响现象的要因
◆ 无一贯性的理论关系

归根于

◆ 未充分理解设备的机构
◆ 现象未能从理论角度探讨
◆ 未能充分理解加工原理
◆ 对要因的看法太粗浅

图 4-12　损失归因

3. 关于慢性损失

故障损失、准备 / 调整损失、小停机 / 空运转损失、速度降低损失、不良 / 手工修复损失、开机损失是阻碍设备综合效率的 6 大损失，这些损失分为突发损失和慢性损失两种，如图 4-13 所示。

1）单次的突发损失造成的损失较大，问题容易显现且原因单一。由于大多时候原因

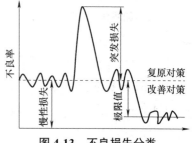

图 4-13　不良损失分类

都很明确，所以能准确地实施（复原）对策。

2）单次的慢性损失造成的损失较小，问题难显现，但由于这类损失经常发生，所以计算累计损失时比突发损失造成的损失大。

如何使慢性损失中的问题显现并认识该损失的大小，须分析相应原因并实施革新式对策。

慢性损失包括慢性不良，频繁修理，慢性故障，长停，速度损失，日常调整准备时的调整、不良，生产损失等。企业有时会出现对慢性损失现象处理不完善的情况，究其原因有：虽然明确了造成慢性损失的某些原因，也实施了对策，却没有达成很好的结果，之后就放弃了，或者是并未认识到发生的现象是慢性损失等等。

慢性损失的特征有：

1）造成慢性损失的原因只有一个，但成为原因的因素有很多，并随因素变化而变化，如图 4-14 所示。

2）慢性损失因复合原因发生，且随原因的组合而变化，如图 4-15 所示。

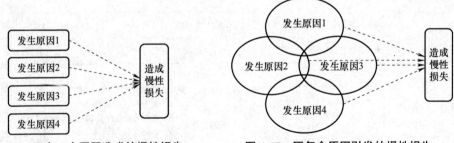

图 4-14　只有一个原因造成的慢性损失　　　图 4-15　因复合原因引发的慢性损失

如果对于复合原因造成的慢性损失，采用特性要因图及"WHY-WHY"分析方法，有时是没有效果的，应采用 PM 分析方法，即：

1）从物理角度观察、解析故障现象。

2）不管问题点贡献率高低，全盘考虑故障原因。

3）以彻底恢复"设备所追求的状态"为根本。

4. PM 分析的推进方法

PM 分析是按下列的几个阶段推进的，见表 4-12。

表 4-12　PM 分析的推进方法

阶段	阶段名称	具体内容	要点
1	明确现象	分析现象的表现方式、发生部位、和其他设备之间的不同点等，以识别是属于同一现象，还是属于不同现象（模式）	1）旨在准确理解和描述现象 2）在推进改善之前必须认真把握现象
2	现象的物理性解析	认真研究如果用物理性观点解析现象，会出现何种结果；例如，当物品出现损伤时，要分析是因为物体和物体之间的碰撞所导致，还是经过冲击以后物理性能较弱的一方受到了损伤等	1）利用道理考虑现象 2）避免仅凭感觉做出错误的判断
3	调查成立条件	如果从物理角度可以解释故障现象，则研究该现象出现的原因	1）认真整理在某种条件下所发生的所有故障现象 2）为了调查出所有条件，必须充分理解设备结构，了解设备发生不良状况时的状态 3）要亲自动手画一幅设备结构图
4	建立要因列表	分析设备、辅助夹具、材料、作业方法（4M）之间的关系，建立要因列表	1）如果各要因条件之间有因果关系，必须将所能想到的所有条件列表 2）列表时不要考虑影响大小
5	确定调查方法	确定调查各种要因导致不良状况的方法、范围	尽量集中项目，以做成高水平的调查项目
6	消除不良状况	利用在第 5 阶段中确定的调查方法调查各个项目，排除不良状况	1）不要拘泥于过去的观点和判断标准，要树立"设备所追求的状态"的观点，细致入微地排除不良状况 2）必须把改善的目标放在"实现零损失"上 3）不要为了"效率"而"偷工减料"
7	确定和实施改善方案	针对所捕捉到的不良状况，确定和实施改善方案	1）不要考虑影响程度，要改善所有的不良状况 2）以"改善前追求恢复"为基本原则 3）关键是要恢复到设备所追求的状态

表 4-13 为车轴机械加工 PM 分析表。

表 4-13 车轴机械加工 PM 分析示例

PM 分析表　　[7 工位]　　No. 1/2　　年　月　日

成立条件	容许值	影响度	第 1 次调查测量方法	调查结果		与设备、工具、材料、方法的关联性（罗列考虑到的要因）				现象的物理性解析		
				测量值	判定	第 1 次项目	判定	第 2 次项目	判定	第 2 次项目结果	对策（复原改善）	结果

调查者　　编制者　　现象

4.7.2　FTA

1. 什么是 FTA

FTA 的英文全称是 Fault Tree Analysis，即故障树分析，是将系统的故障或灾害的发生要因以树状加以分析，可分析到极细微的要素，是通过理论图的形式进行解析的方法。

2. FTA 的特点

1）使用理论记号，可以把故障、事故、灾害及系统上特定事项的发生经过表达得一目了然。

2）在分解、细分化的过程中，用"and"与"or"理论性地连接下去。

3）通过定性的解析，能够把发生系统故障的经过明白地显现出来；也可以识别出高危险度的经过，并将这些认知合并到下一项设计中，取得可信度很高的评价。

4）通过定量的解析，可以把系统故障的产生频率计算出来。

3. 故障树分析法的一般步骤

1）对所选定的系统进行必要的分析，确切了解系统的组成及各项操作内容，熟悉其正常的作业图。

2）对系统的故障进行定义，对预计可能发生的故障和发生过的故障事件进行广泛的调查。

3）仔细分析各种故障的形成原因，如设计、制造、装配、运行、环境条件、人为因素等。

4. 建立故障树的注意事项

1）建立故障树时，通常是以系统功能为主线来分析所有故障事件并按逻辑贯穿始终的。但一个复杂系统的主流程可能不是唯一的，因为各分支常有其自己的主流程，建立故障树时要灵活掌握。

2）合理地选择和确定系统及单元的边界条件。

3）对故障事件的定义要具体，尽量做到唯一解释。

4）系统中各事件间的逻辑关系和条件必须十分清晰，不允许逻辑混乱和条件矛盾。

5）故障树应尽量简化，去掉逻辑多余事件，以方便定性、定量分析。

6）图中的主要类别一般可以不先从"5M1E"出发，而是根据具体的质量问题或逻辑关系选取。"5M1E"指的是造成产品质量波动的主要 6 个因素的总称，分别是人员（Man）、设备（Machine）、材料（Material）、方法（Method）、测量（Measure）、环境（Environment），由于这 6 个因素英文名称的第一个字母分别是"M"和"E"，因此常简称为"5M1E"。工序质量受 5M1E 的影响，工作标准化就是寻求"5M1E"的标准化。

5. FTA 的推进方法（见表 4-14）

表 4-14 FTA 的推进方法

阶段	实施内容
1	理解作为解析对象的系统（工序、工艺和作业）的结构、性能、运转及作业方法和动作
2	选定系统中的首要"症状"
3	列举影响到首要"症状"的临时要因（相当于子系统），寻找相关的外部要因
4	利用理论记号连接在第 3 阶段所取得的要因和症状之间的因果关系
5	重复第 3、4 阶段，继续到无法再向上展开的水平，绘制 FTA 图
6	修改已经定型的 FTA 图，根据需要进行简单化
7	将各种要因、条件发生的概率分配到 FTA 图的各部位上
8	根据理论记号计算首要"症状"的发生概率
9	评估各种主要要因的影响程度，研究有效的改善对策

注：得不到发生概率数据时，可省略第 7、8 阶段。

4.7.3 FMEA

1. 什么是 FMEA

FMEA（Failure Mode and Effects Analysis）即故障模式与影响分析，是自下而上把部分要素的故障类型对主要系统、次要系统故障的影响，不遗漏地逐项加以预测的方法。

2. FMEA 的特点

1）可以明确初期阶段系统界限上存在的问题。

2）可以明确因单一的故障而对整个系统的可靠性产生重大影响的部位。

3）在初期阶段提供制订试验计划的标准。

4）可以选择可靠度很高的设计方案。

表 4-15 为 FMEA 与 FTA 的对比。

表 4-15　FMEA 与 FTA 的对比

方法	特点	优点	缺点
FMEA	分析每个零件的所有故障模式，用于单一故障分析，比 FTA 更详细；与硬件有关；属归纳法，只能定性分析	易懂；此方法已被广泛接受，已经标准化	只能分析硬件；花费时间多；经常不能考虑故障与人为因素的关系
FTA	从顶事件开始，找出引起故障的基本事件的集合，利用逻辑推理方法，能考虑人的因素、环境因素与软件；可以用电子计算机辅助建树；属演绎法，能进行定性分析和计算	能找出故障的相互关系；寻找系统可能失效的方式，便于系统的维修和管理	大型故障树难以理解；没有相似的系统流程表；数学上不是唯一的，涉及复杂的逻辑；只能表示两种系统状态

3. FMEA 的推进方法（见表 4-16）

表 4-16　FMEA 的推进方法

阶段	实施内容
1	明确作为对象的系统和必要事项
2	明确为实施 FMEA 的一般性方针
3	记述系统，编制理论图（明确各部分功能，图要能表示和整个系统之间的关系）
4	解析故障方式和其影响，汇总在表格中
5	总结解析结果
6	决定是否需要对策，研究改善方案
7	反馈到设备使用规格上

4. FMEA 示例

FMEA 示例（见表 4-17）

表 4-17　FMEA 示例

总装一线合装线输送链设备潜在失效模式与后果分析

序号	项目/功能要求	潜在失效模式	失效后果	失效原因	现行控制	维修时间 h	严重度 S	频度 O	不易探测度 D	风险系数 RPN	建议措施	采取的措施	措施结果				
													维修时间 h	严重度 S	频度 O	不易探测度 D	风险系数 RPN
1		电动机过载、电流过大	电动机不能起动	电动机内部轴承损坏	更换电动机内部轴承	2	3	1	2	6	1) 定期监控电流 2) 周期性地检查更换油品，检测铁粉的含量 3) 定期测量电动机温度 4) 用耳朵听有无异响	1) 定期监控电流 2) 周期性地检查更换油品，检测铁粉的含量 3) 定期测量电动机温度 4) 用耳朵听有无异响	1	3	1	1	3
2	驱动部位	电动机过载、抱闸不能打开	电动机不能起动	电动机抱闸间隙大	调整抱闸间隙	0.5	2	2	1	4	1) 定期测量抱闸间隙 2) 定期检查电动机电流 3) 定期测量电动机温度	1) 定期测量抱闸间隙 2) 定期检查电动机电流 3) 定期测量电动机温度	0.5	2	1	1	2
3		不能制动	影响设备安全	电动机抱闸固定螺栓断	更换抱闸固定螺栓	1	3	2	1	6	1) 定期检查抱闸固定螺栓 2) 定期检查电动机电流 3) 定期测量电动机温度 4) 增加增锁线	1) 定期检查抱闸固定螺栓 2) 定期检查电动机电流 3) 定期测量电动机温度 4) 增加增锁线	1	3	1	1	3

（续）

序号	项目/功能要求	潜在失效模式	失效后果	失效原因	现行控制	维修时间 h	严重度 S	频度 O	不易探测度 D	风险系数 RPN	建议措施	措施结果					
												采取的措施	维修时间 h	严重度 S	频度 O	不易探测度 D	风险系数 RPN
4		电动机掉落	电动机不能起动	平台开焊	焊接加固	2	2	2	1	4	1) 定期检查焊缝 2) 定期检查探伤仪 3) 改为硬性连接	1) 定期检查焊缝 2) 定期检查探伤仪 3) 改为硬性连接	0.5	1	1	1	1
5	驱动部位	减速器齿轮脱开	电动机无法驱动驱动链		更换减速器齿轮轴轴卡簧	1.5	3	2	2	12	1) 定期更换减速器油，检查油质 2) 改善将轴端卡簧焊死 3) 测量电动机温度 4) 检查电动机电流	1) 定期更换减速器油，检查油质 2) 改善将轴端卡簧焊死 3) 测量电动机温度 4) 检查电动机电流	1.5	3	1	2	6
6		电动机过载、电流过大	减速器不能起动	减速器内部轴承损坏	更换减速器内部轴承	2	3	1	2	6	1) 定期更换减速器油，检查油质 2) 定期检查电动机电流 3) 定期测量电动机温度	1) 定期更换减速器油，检查油质 2) 定期检查电动机电流 3) 定期测量电动机温度	1	3	1	1	3

4.8 设备源头改善之初期管理活动

4.8.1 设备初期管理活动的定义与体系

1. 定义

初期管理活动是指预先确定在引进设备的各个阶段必须实施的业务及管理项目，依次按 PDCA 循环开展的活动。引进设备的各个阶段是指从设备的计划阶段到设备的设计、制造、安装、调试直至产品的试产、设备起动后（正式运行前）的不稳定的初期流动时期到稳定运转为止这段阶段。其目的是为了打造可靠性、保全性、安全性、操作性、经济性高的设备，即性能优良、全寿命周期成本低的设备，以及在短时间内即可正式运转的设备。

设备初期管理活动旨在缩短设备引进时间，打造高运转率、高经济性的设备，是设备管理方面非常重要的工作。图 4-16 所示为设备初期管理活动的曲线。

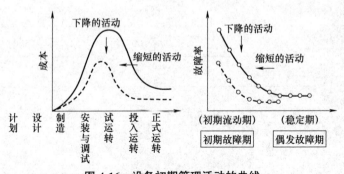

图 4-16　设备初期管理活动的曲线

设备的基本性质、定义及具体内容见表 4-18。

表 4-18　设备的基本性质、定义及具体内容

基本性质	定义	具体内容
信赖性	是能够保持规定机能，不发生机能下降或停止的性质	1）故障发生的频率 2）调整的多少 3）短停线发生的频率 4）设备循环时间的安定性 5）不良发生的频率

（续）

基本性质	定义	具体内容
保全性	是对设备劣化程度进行测定，并表征劣化复原难易程度的性质	1）故障部位发现的早晚 2）劣化部位发现的早晚 3）零部件更换的难易程度和机能恢复确认时间的早晚 4）润滑的难易程度 5）检修的难易程度 6）静态和动态精度测定的难易程度
自主保全性	是运转部门能在短时间内自行实施简单的清扫、润滑、点检等保全活动的性质	1）清扫、润滑、点检的难易程度 2）润滑油路末端检查的难易程度 3）切屑回收的难易程度 4）质量保全的易操作性（如精度等是否易检测） 5）发生源、飞散物的局部化程度
作业性	是设备在运转和短时间更换时，能够实现快速、准确操作的性质	1）更换、调整的易操作性 2）按钮操作的容易程度 （对高度、配置、数量、形状、颜色等设置的操作） 3）刀具、工具更换的易操作性和调整的易操作性
节能性	是设备在运转过程中对能源、刀具、油脂等资源的使用效率高的性质	1）单位产品资源消耗的高低 2）资源再循环的情况
安全性	是设备在正常使用和意外情况下都不会对人体造成直接或间接危害的性质	1）故障、短停线、质量不良等异常情况下处理作业的多少 2）突起物挂伤的风险性 3）避让性的优良 4）设备动力机构裸露、有害物质流出和飞散的危险性
融通性 （柔和性）	是设备在面对未来产品变化时，能够灵活调整和适应的性质	1）当前加工产品和未来变更产品之间容许范围的大小 2）在变更容许范围内，设备改善所需时间的多少 3）在变更容许范围内，设备改善所需费用的多少
环境性	是设备的构造、机构性能对周围环境不产生有害影响的性质	1）泄漏、滴流、飞散的危险性 2）发热、振动的危险性 3）臭气的危险性

2. 设备初期管理活动体系

设备初期管理活动体系如图 4-17 所示。

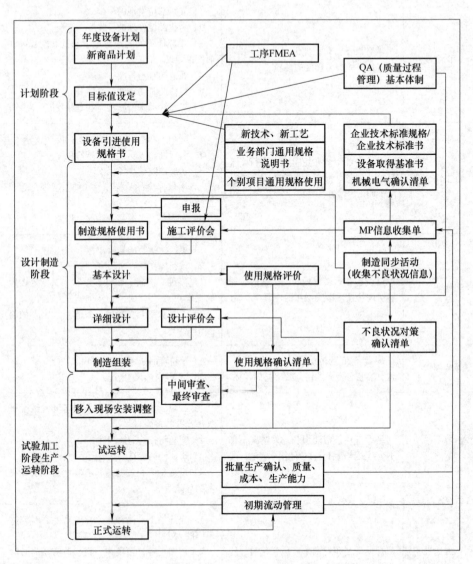

图 4-17 设备初期管理活动体系

4.8.2 设备初期管理活动的具体实施内容与推进方法

1. 具体实施内容（见表 4-19）

表 4-19 设备初期管理活动的具体实施内容

阶段	实施内容	现场		技术
		制造	保全	
计划	1）制订初期管理活动计划，明确日程、管理项目、负责人	○	○	◎
	2）收集有关设备应具备的基本性质相关 MP 信息	○	○	◎
	3）整理 MP 信息，决定改善项目		○	◎
	4）研讨所需工时、投资金额的效果，决定最终方案	○	○	◎
	5）决定反映 MP 信息及技术规格标准书等内容的使用规格说明书		○	◎
	6）尤其是新生产线和新机构使用的设备，利用 FMEA、工序模拟等实施可靠性预测，并反映到使用规格说明书上		○	◎
设计	1）和设计商协商有关设计的问题，参考其他类似工厂设备方面的意见和设计商的意见，圆满完成设计；协商时也要邀请现场人员反映 MP 信息	○	○	◎
	2）关于安全性、操作性、作业性等制造方面特别需要的项目，必须和技术部门合作，反映到设计中	○	○	◎
	3）确认图纸			
制造	1）在制造阶段，要确认设备的组装过程，尤其要确认肉眼看不到的部分		○	◎
	2）当制造商完成设备的组装以后，进行试加工，确认加工精度，由制造商实施连续加工、确认联动性功能、调节不良部位，不良状况必须在设备还未出厂前采取对策。与制造商共同把设备开动时需要确认的事项列为事前培训的一环，进行岗前培训	○	○	◎

139

（续）

阶段	实施内容	现场		技术
		制造	保全	
安装、调试	1）确认安全性、操作性、作业性、保全性等相关事项和控制盘、操作盘、安全栏杆、配线、配管位置等	◎	◎	◎
	2）施工安全管理	○	○	◎
	3）试运转调试确认	○	○	◎
	4）安全协商	○	○	◎
	5）实施操作、安全、保全教育，维护和编制相关标准书	○	○	◎
试运转	1）参与试运转，做运转记录	◎	◎	◎
	2）实施带负荷连续运转和无负荷连续运转	○	○	◎
	3）实施异常处理实践培训	◎	◎	◎
	4）开展设备起动前的总点检、不良状况改善、验收工作	○	○	◎
起动	1）根据设备起动初期故障，制作保全体制架构	○	◎	○
	2）做好设备运转记录和保全维护记录	◎	◎	○
	3）实施每日对策，和相关部门合作早日消除不良状况，实施改良保全	◎	◎	○
	4）制订整体点检、整体保全计划，尽早确定维护设备的方法	○	◎	○
	5）总结设备起动时的不良状况、好的地方，做成资料反映到下一批设备导入计划中	○	○	◎
正式运转	1）因为运转中所取得的设备信息全部与MP信息有关，所以应积极收集全记录、品质报告书、灾害报告书、从故障中学到的个别改善、计划保全等广泛的信息，用于下次计划	◎	◎	○
	2）信息并不是简单地知道"修理这个地方就可以"，必须研讨其效果	◎	◎	○
	3）必须实施标准化的MP信息，要反映到技术标准和标准书中	○	○	◎

注：◎—主体业务，○—参考业务。

2. 设备初期管理活动的管理样表与管理示例（见表 4-20）

表 4-20　设备初期管理活动的管理样表

MP 反馈单					管理 No.		QC-BQ	
存根　发行部门 保管		部长	技术	⇐	科长	工段长	班长	指导员
				⇒				
工厂名称		工序名称						

件名	
缺陷：	
原因：	

对策（方案）：

效果：

MP 表单编制日期：　　　年　　月　　日　　　　　　编制者：

3. 推进方法

1）由技术、制造、保全部门组成小组进行活动。围绕设备初期管理，制定管理项目及相应对策，并进行确认，以推动 PDCA 循环的实施。

2）在新设备的设计中融入已积累的初期管理活动标准和经验。

3）对计划阶段、设计阶段可能存在的困难和课题进行预测，并采取事前对策。

4）当发生预期以外的问题时，尽快改善设备并将这些改善作为初期管理活动的信息积累起来。

5）对活动进行回顾性评估，并在引用类似设备时应用这些经验和教训。

4. 初期管理活动中管理人员和班组长的作用

以前，你可能对新安装的设备不感兴趣，或不太理解新安装的设备。但今后你要有所转变，要从"上级领导要求的"被动立场转变为"全员努力的"主动主场，从而成就性能优良的设备。也就是说，不应该成为"我和设备"，而应成为"我的设备"。

为此，必须正确实施日常运转管理和自主保全，平时就要掌握问题点，认真记录，必须向负责设备导入的技术主管充分反映自己的意见。如果没有相关问题的记录，就不会萌生出改善的念头。所以，不管工作多忙，针对发生发现的问题都应该做详细的记录，并和相关人员协商，这样有利于促进今后的改善活动。

4.8.3 设备安全相关的业务流程、事前评价和安全验收标准

1. 设备安全相关的业务流程（见表 4-21）

表 4-21 设备安全相关的业务流程

业务阶段		设备安全相关的业务内容	计划部门	技术部门	保全部门	使用部门	安全主管部门	关联部门	厂家
安全事前评价	规格书编制	编制融入法规、标准书等与安全相关的内容的规格书	□	○	○	△	△	○	
		计划部门颁布安全检查清单	□ 原件						
	最终报价规格书确认	规格说明、报价采用、审批（决定厂家）、采购规格说明时，向厂家发放安全检查清单的复印件	□						收取
		确认最终报价规格书内是否包含安全检查清单的对象项目	□	○	○		△		
		确认后，向厂家发放安全检查清单的复印件							收取
	图纸检查	基于安全检查清单，由厂家负责检查图纸内是否包含最终报价规格书的安全项目							检查
		基于安全检查清单，检查图纸是否遵守使用单位的规格	□	○	○	△	△		

（续）

业务阶段		设备安全相关的业务内容	计划部门	技术部门	保全部门	使用部门	安全主管部门	关联部门	厂家
安全事前评价	设备制造	向窗口部门提交政府申报等文件	□					○	○
	厂家现场确认	在召开厂家现场确认之前，厂家负责依据安全检查清单检查是否按照图纸以及磋商内容制造设备							检查
		厂家现场确认时，遵照安全检查清单，由使用单位负责检查	□	○	○	△	△	△	
安全验收	安全验收（一次及二次）	基于安全检查清单实施检查，进行设备安全（包含作业）的最终确认	□	○	○	○	○	△	△
		安全验收后，办理运转审批手续	□	○	○	○	批准	○	

注：计划部门由技术部门兼职时，在计划部门栏内填写；□—主持部门、发放通知的部门；○—参与部门；△—由主持部门判断邀请参加。

2. 安全事前评价的实施要领

（1）目的　实施事前评价的目的是在计划、设计、制造及验收阶段导入确保安全的设备。

（2）实施时期

1）设备规格书编制。

2）厂家编制的最终报价规格书确认。

3）图纸检查。

4）厂家现场确认的阶段具体实施。

（3）评价标准　基于安全检查清单，针对检查对象项目是否包含在内实施评价。

关于各检查项目，不仅要对实施制造作业者的安全进行评价，还要对是否满足保全性实施检查（包括只允许保全出入的场所的通道、照明等的作业环境、附属设备、安全装置等），必须与保全的班组长进行事前评价的确认。

（4）评价部门　计划部门（技术科等）、技术部门（技术科等）、保全部门（设备科等）、使用部门（制造科等）、安全健康主管部门（安全技术科）及关联部门负责实施。

（5）结果报告

1）在安全检查清单上记录检查结果，并抄送至关联部门及厂家。

2）当有安全检查清单之外的安全相关的问题事项时，也要将其记录在问题事项表中，见表 4-22。

表4-22 事前评价、安全验收现场确认问题事项

设备名称：＿＿＿＿　　发行日期：＿＿＿＿　年　月　日　部门＿＿＿　姓名：＿＿＿

检查清单		问题点（不良内容）	对策内容	实施		结束确认	
No.	页 No.			部门	预计完成日期	姓名	日期

对策结束报告（计划部门）

科名	科长	科员	科员

3. 安全验收的实施要领

安全验收是为了在设备运转后确保作业者的安全而实施的，包括生产试运转前的一次验收与正式运转前的二次验收。另外，已有类似设备、单体设备等在一次安全验收时已被确认安全的，即被判断为可正规运转，则一次安全验收与二次安全验收可合并实施。

（1）一次安全验收

1）目的：在设备接受验收之前，确保生产试运转时的安全（由使用部门的作业者负责验收）。

2）实施时期：设备安装完毕且可实施试运转，同时计划部门、技术部门等已经评估完安全对策时，方可进行安全验收。

3）验收标准：进行外观检查后，通过空运转确认动作是否正常。之后，施加负荷（加工、装配、搬运等）进行确认。

4）运转操作：设备的运转操作由厂家作业者或者计划部门和技术部门的技术人员负责实施。此时，必须从计划部门或技术部门之中选择作业指挥者来指示实施（必须是具备资格者）。

5）现场确认部门：计划部门、技术部门、保全部门、安全技术主管部门、使用部门的相关人员必须出席，根据需要也可加上其他相关部门。

6）结果报告：计划部门在一次、二次安全验收结果通知书兼设备运转批准通知书，以及问题事项记录表内记录所需事项，遵照递交路径向相关部门发放。

7）对策及跟踪：计划部门负责跟踪安全验收问题事项的对策实施。对策实施后的确认由计划部门、技术部门、安全技术主管部门及指出问题的部门现场确认。

8）运转批准手续：计划部门制作一次、二次安全验收结果通知书兼设备运转批准通知书、问题事项记录表，并报告给安全技术主管部门。另外，对于有地垫式及光电式安全装置的设备，必须附加安全装置检查表。

9）运转批准：安全技术主管部门在确认增加型号的一次、二次安全验收结果通知书兼设备运转批准通知书及问题事项的内容基础上，实施运转批准。

10）带条件批准时的对策确认及结束报告：运转批准带有条件时，由计划部门要在指定期限内完成问题事项的对策实施，在问题事项记录表内填写结束日期、确认者，计划部门在结束报告的相应栏签字后，把复印件提交至安全技术主管部门。安全技术主管部门据此把运转批准通知书（受控）的带条件批准变更为批准。

（2）二次安全验收

1）目的：在设备正式运转前，实施二次安全验收的目的是模拟并确认设备在实际运转条件下的安全性能。

2）实施时期：在完成一次安全验收后的生产试运转阶段，由使用部门的作业者在熟悉设备操作的时期实施。

3）实施标准：假设正式运转的状态，施加负荷（加工、装配、搬运等）确认。

4）运转操作：设备的运转操作由使用部门的作业者负责。运转操作须遵照从计划部门或技术部门之中选择作业指挥者中实施（必须是具备资格者）。

5）现场确认部门：与一次安全验收相同。

6）结果报告：与一次安全验收相同。

7）对策及跟踪：与一次安全验收相同。

8）运转批准手续：与一次安全验收相同。

9）运转批准：与一次安全验收相同。

10）带条件批准时的对策确认及结束报告：与一次安全验收相同。

4. 安全检查清单的运用标准

（1）运用方法

1）从规格书编制阶段至安全验收阶段采用相同的方法。需要时准备复印件也可，但是，最初到最后必须使用一个原件。

2）安全检查清单的发布与管理由计划部门负责。

3）原则上，实施评价的每个设备都必须有安全检查清单。

4）传递路径遵守安全关联的业务流程。

（2）各阶段的使用方法遵守下述内容实施

1）规格书编制、报价规格说明阶段。编制规格书时，由计划部门发布安全检查清单，在提供报价规格说明时向厂家发放。

2）最终报价规格书接收、确认阶段。

① 由计划部门负责确认厂家编制的最终报价规格书的内容。

② 把确认完毕的安全检查清单的复印件向订购厂家发放。

3）图纸研讨阶段。

① 遵照安全检查清单要求厂家检查图纸。

② 计划部门负责确认图纸是否是按照规格进行设计的。另外，对于计划部

门无法判断的，由相关部门在协商的基础上加以判断。

4）厂家现场确认阶段。在该阶段，设备使用单位应领取由厂家负责实施的安全检查清单，并在最终报价规格书阶段进行设备检查。

5）安全验收（一次、二次）阶段。由设备使用单位（现场确认部门）负责检查对象项目。

6）原则上，所要检查的对象项目由厂家与设备使用单位共同实施检查。

7）相同项目须在多个地方进行检查，且实施全数检查存在困难时，可以实施抽检，但安全装置除外。

5. 安全检查清单的填写方法

1）计划部门在编制规格书时，应基于安全检查清单决定该设备所需检查的项目。

2）在最终报价规格书、图纸、厂家现场确认及安全验收阶段，计划部门须确定哪些检查项目将在这些阶段进行，并添加"*"标识以示其重要性或优先级。

3）检查结果为 OK 时标注为"○"，NG 时标注为"×"，保留时标注为"△"。

对于确定为"×""△"的项目，把其理由记录在附件问题事项记录表内。另外，在安全检查清单之外，当有与安全相关的问题事项时，也须把问题事项记录在问题事项记录表内。

4）对于安全验收阶段（一次、二次）确定为"×""△"的项目，由计划部门负责向现场确认部门通报对策结束或者对策内容。

一次、二次安全验收结果通知书兼设备运转批准通知书示例，见表 4-23。

表4-23 一次、二次安全验收结果通知书兼设备运转批准通知书示例

发布日期: 年 月 日

安全验收结果通知书											设备运转批准通知书				年 月 日 批准
计划部门 ( )		保全部门 ( )		使用部门 ( )			安全健康主管部门 ( )		设备运转批准通知书	
科长	科员	科长	科员	科长	安全系长	科员	科长	科员		

		现场确认者判断				
线体名称			制品名称		设备的试运转、正式运转	
设备名称			工程名称		1) 批准	
设备编号			厂家名称		2) 有条件批准	
设备场所	地区 / 工厂		工事内容	新设 改造 移设 其他 ( )	[意见及运转条件]	
现确认名称	安全健康主管部门		现场确认日期	年 月 日 时 分 ~ 时 分		
	使用部门		试运转期间:			
	保全部门		二次验收预计日期: 月 日			
	计划部门		运转开始预计日期: 月 日			
	关联部门		现场确认日期 / / 参与者: :			
	厂家					

	计划部门	保全部门	使用部门		
	填写者	填写者	填写者		

传递路径：
计划部门 → 保全部门 → 使用部门 → 安全健康主管部门 → 计划部门 → 使用部门
结果通知 (原件保管) 运转批准书 (复印)

本通知书请作为安全验收问题清单的附件一并提出

4.9　设备效率的评价

为了提高设备综合效率，首先必须了解设备的运转状态。换句话说，就是记录设备的日常运转状况，从可靠性和保全性两方面分析停止原因，以制定有效的对策。明确保全指标，测定保全完成程度，有助于进行目标管理，从而有效地进行设备保全管理。然后，将本工厂的设备保全记录和其他工厂或部门的记录进行比较，不断优化和充实记录内容。

虽然收集了很多保全记录，但是这些已收集的记录很容易被忽视，变成从来不被使用的数据或根本就不能使用的数据。如果发生这种情况，就返回到原点位置上，重新考虑为什么收集数据，收集到的数据要用于何处等，明确收集数据的目的和用处，使数据变成能够使用的活数据。

对已经实施的保全活动，必须要很好地掌握其效果。对于各种设备、生产线的可靠性和保全性评价项目，可以使用表 4-24 列出的可靠性及保全性评价指标。

表 4-24　可靠性及保全性评价指标

	评价项目	计算公式	备注
可靠性	故障强度率	$\dfrac{故障停止时间}{负荷时间} \times 100\%$	表示故障停止时间与负荷时间的比率
	故障度数率	$\dfrac{故障停止次数}{负荷时间} \times 100\%$	表示在一定负荷时间内发生因设备故障而引起停止的概率
	平均故障间隔时间（MTBF）	$\dfrac{负荷时间-故障停止时间}{故障停止次数}$	表示从修复设备到下次故障发生的动作时间的平均值
保全性	平均修复时间（MTTR）	$\dfrac{故障停止时间}{故障停止次数}$	表示因故障引起设备停止到重新运转之间的修复时间的平均值
	计划保全率	$\dfrac{计划保全时间}{实际保全作业时间} \times 100\%$	表示与实际保全作业时间相比，计划保全作业时间所占的比率
	保全计划实施率	$\dfrac{保全计划作业实施件数}{保全计划作业件数} \times 100\%$	表示与保全计划作业件数相比，实际实施件数所占的比率
	直接率	$\dfrac{直接作业时间}{保全作业时间} \times 100\%$	表示与保全作业时间相比，直接作业时间所占的比率 表示充实度

第 5 章 设备灾害的预防和管理

安全，是超越不同种族、地域和国界的人类共享价值之一。习近平总书记就做好安全生产工作曾做过重要批示，强调："发展决不能以牺牲人的生命为代价。这必须作为一条不可逾越的红线。"要求始终把人民生命安全放在首位，把安全生产责任制落到实处，切实防范安全生产事故的发生。本章从设备角度出发，叙述与安全、卫生、环境等有关的灾害管理要点。

5.1 设备灾害管理的视角和对象

高效运转设备的前提是杜绝与设备有关的灾害（这里的灾害指的是安全与环境的灾害），下面简要介绍设备灾害管理相关的内容。

5.1.1 设备灾害管理的视角

设备灾害管理有以下两个视角：

1）确保作业者的安全、卫生。

2）关注生产过程中设备对周围环境的影响。

5.1.2 设备灾害管理的对象

常见的设备灾害管理包含以下 5 个对象：

1）防止安全事故的发生。

2）防止工业中毒及职业病。

3）防止环境污染。

4）防止爆炸及火灾。

5）防止建筑物的破坏。

一旦运转设备，在其运转过程中必将消耗能源，发生设备劣化，甚至因功能降低而发生设备灾害，如作业人员的劳动伤害、中毒、职业病等卫生问题，以及大气污染、水质污染、异味、噪声、振动等环境恶化。

发生安全、卫生方面的危害和环境恶化的原因，归根结底是由于从设备的计划、设计、制造、安装直到运转的整个初期管理不完善。而且，如果运转阶段的灾害预防对策长期依赖于不完善的设备管理，情况会变得更糟糕。所以设备管理在安全、卫生、环境的保护和提高方面需要有质的改善。

解决安全、卫生、环境问题的对策之间具有密切的联系，很难单独实施。例如，如果设备泄漏有害气体，在安全方面会成为引发爆炸、火灾的原因；在卫生方面会成为引发急性中毒、窒息等的原因；如果该有害气体被排放到厂外，还将造成环境方面的公害问题。

5.2 灾害防止和设备管理应起的作用

5.2.1 安全管理和设备管理的关系

如果对生产活动中的设备灾害原因进行分析，就能发现原材料选定错误，设备结构不合理、强度不足、持续劣化、操作不良、点检不良、保全（维护管理）不良等，还不足以成为灾害发生的主要原因。必须在设备的计划、设计、制造、安装、运转、保全等各阶段进行安全审查、评价。只有从设备计划开始到运转、调试各阶段认真进行事前审查，才能从根本上保证设备的安全。再者就是由经过全面教育培训的操作者和保全人员实施运转维持，这也是保持设备安全的关键。但是，设备本身也会随着运转逐渐磨耗、腐蚀，出现精度不良、老化等情况，从而引发故障、事故和灾害。及时预知这些劣化，杜绝突发事故，维持生产是设备管理应起的作用之一，而这种作用可以直接防止灾害的发生，所以必须充分理解设备管理的重要性，并确实付诸实践。

5.2.2 卫生管理和设备管理的关系

生产活动中的卫生管理是指对造成中毒、职业病、窒息等的有害液体、有害气体、粉尘及光线、放射线、噪声、振动、高温、低温等有害于人体或有害健康的物质进行的管理。

例如，有害液体、有害气体等物质绝大多数是从设备中喷出、泄漏、散发的，要想切断污染物的根源，需要针对设备采取措施。使这些设备维持正常的功能也很重要，所以在卫生管理中，设备管理所起的作用日益凸显。

5.2.3　环境管理和设备管理的关系

近年来，工业制造生产体系已趋向大型化、集中化。由于很多企业都相对集中，因此其排放至大气和水中的污染物也会集中在一些局部地区，可能会造成当地自然环境的恶化。

另外，一些工厂和居住区比较接近，如果工厂发生某些灾害，可能很快就会波及居住区。如果不能与周边居民和谐相处，企业就很难生存下去。从社会责任的角度出发，企业也应考虑包括资源、能源节约等在内的环保问题。同时，还要从设备管理的角度考虑相关对策，在设备计划、设计、制造、安装、运转等各个阶段，积极采取安全措施，防止公害及环境污染的发生。

5.3　对灾害发生的思考

5.3.1　为什么会出现灾害

在推进工厂自动化的过程中，发生最多的往往并不是日常生产时因设备操作不当而引发的事故，而是由于"进行异常处理时的错误动作、错误操作"而引发的事故。这些事故往往会引发不同程度的灾害。

作业现场可能存在着很多灾害（事故）发生的潜在因素，比如，上下左右的沟通不顺畅，经常发生故障和小停机等。

5.3.2　海因里希法则

海因里希法则从大灾害和事故、小灾害和事故、备忘录及热点信息的突发比率分析入手，警告人们"如果实施危险的操作，必将会导致大灾害"。

不管这种操作是故意的还是无意的，只要发生灾害，就会导致危险。所以无论有无发生过灾害，都应该关注人们的危险行动和设备的危险状态。必须从"人"和"设备"两个层面考虑安全对策。

1. 海因里希法则的提出

海因里希法则是1941年美国的海因里希统计了许多灾害后提出的。

海因里希统计了55万件机械事故，其中死亡、重伤事故1666件，轻伤事故48334件，其余则为无人员伤害事故。他得出一个重要结论，即在机械事故中，死亡或重伤、轻伤、无伤害事故的比例为1∶29∶300，这个法则说明，在机械生产过程中，每发生 330 起意外事故，则有 300 件未产生人员伤害，29 件造成人员轻伤，1 件导致人员重伤或死亡，如图 5-1 所示。

对于不同的生产过程、不同类型的事故，上述比例关系不一定完全相同，但这个统计规律说明了在进行同一项活动时，如果发生无数次意外事故，则必然会导致重大伤亡事故的发生。而要防止重大伤亡事故的发生就必须减少和消除无伤害事故。要重视事故的苗头和未遂事故，否则终会酿成大祸。

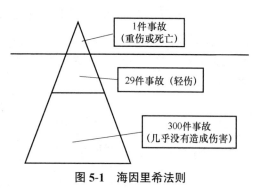

图 5-1　海因里希法则

[案例]：

某机械工程师企图用手把传送带挂到正在旋转的带轮上，因其未使用用来拨动传送带的杆，且站在摇晃的梯板上操作，加之又穿了一件宽大、长袖的工作服，导致被带轮绞入碾死。事故调查结果表明，他用这种方法安装传送带已有数年之久。查阅他以往 4 年的急救上药记录，发现他有 33 次手臂擦伤的治疗处理记录，他手下工人均佩服他技术高超，但他最终还是在事故中死亡。这一案例说明，重伤和死亡事故虽有偶然性，但是不安全因素或不当动作会在事故发生之前暴露，如果在事故发生之前及时消除不安全因素，许多重大伤亡事故是完全可以避免的。

2. 海因里希法则体现的连锁过程

海因里希首先提出了事故因果连锁论，用以阐明导致伤亡事故的各种原因与事故之间的关系。该理论认为，伤亡事故的发生不是一个孤立的事件（尽管伤害可能在某瞬间突然发生），而是一系列事件相继发生的结果。海因里希把工业伤害事故的发生、发展过程描述为具有一定因果关系的事件的连锁发生过程，即：

1）人员伤亡的发生是事故的结果。

2）事故的发生是由于人的不安全行为和物的不安全状态。

3）人的不安全行为或物的不安全状态是由于人的缺点造成的。

4）人的缺点是由于不良环境诱发的，或者是由先天的遗传因素造成的。

3. 海因里希法则的启示

海因里希法则告诉我们，在发生重伤或死亡事故后，与其惊慌失措，不如查找和排除造成事故的原因。在尽早消除危险状态的同时，也要绝对做到不让相关人员有危险的行为，即消灭身边"吓出冷汗、吓一跳"的险情。不排除"吓出冷汗、吓一跳"的事故，就不能避免造成人员伤害的事故。

4. "吓出冷汗、吓一跳"活动

"吓出冷汗、吓一跳"，是我们在侥幸没有受伤的情况下获得的可以用来对安全事故进行预防的珍贵信息。应将其作为一个重要的信息，提醒大家注意，并采取必要的对策，以期实现灾害为零的目的，表5-1列出了活动分类、判断标准和处理方法。

表5-1 活动分类、判断标准和处理方法

活动分类	判断标准	处理方法
A类	有可能带来重大工伤事故，需要采取根本性的对策	管理层也要参与讨论会（如果其他车间也可以将其作为教训的话，则应让其他车间也作为参考）
B类	有可能造成工伤事故，认为有必要大家一起讨论	在车间（现场）召开讨论会
C类	造成工伤的可能性很小，但是根据情况不同，存在造成工伤事故的潜在因素，因此有必要让大家都知道，以便引起足够的注意	在每天召开的工作前的例会上，将前日的问题向全体人员进行说明，引导全体人员进行简短的讨论。然后在后续操作中引以为训

"吓出冷汗、吓一跳"活动就是将大家日常工作中体验到的"咝~！（让人倒吸一口凉气，冒冷汗）""啊！（吓一跳）"等事情做成图示，在班组早会等场合让全员加以直观地理解和认识，可以达到非常好的效果（见图5-2）。

在每一个"吓一跳"之处，都要手指潜在故障，大声说出"不要做什么"，通过这样的操作方法，可以有效预防安全事故的发生和确认安全状况。

5.3.3 异常处理作业和灾害

前面我们已经讲述了实施设备异常处理作业以及修理过程中设备突然运转而引发事故的例子，在以下所描述的状况下发生事故的例子也不少。

1）由第三者开启或关闭操作开关。

2）共同（多人）作业中相互间的手势、合作、确认不当。

3）因接触而导致的控制开关的关闭，或不知其原因的控制开关的打开。

4）气压、液压回路内的残余压力没有释放。

5）超载运转、中途停止等停止位置不良，有错位、偏差。

6）自动运转设备识别范围错误。

7）设备的错误动作。

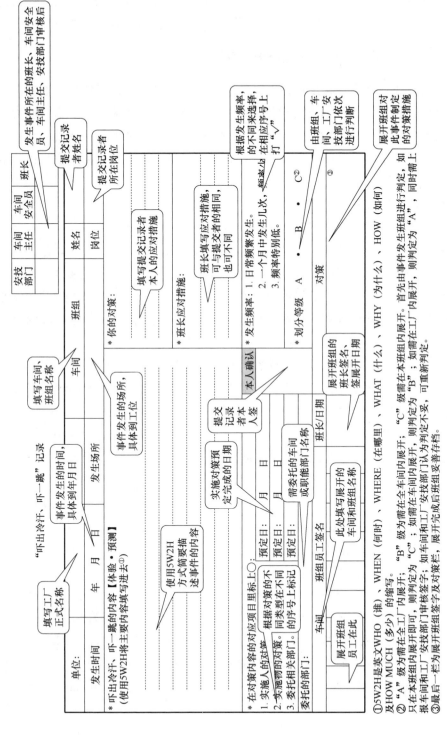

图 5-2　"吓出冷汗、吓一跳"活动记录及案例插图

① 5W2H 是英文 WHO（谁）、WHEN（何时）、WHERE（在哪里）、WHAT（什么）、WHY（为什么）、HOW（如何）及 HOW MUCH（多少）的缩写。

② "A"级为需在全工厂内展开；"B"级为需在全车间内展开；"C"级为需在本班组内展开：首先由事件发生班组进行判定，如只在本班组内展开即可，则判定为"C"；如需在车间内展开，则判定为"B"；如需在工厂内展开，则判定为"A"，同时需上报车间和工厂安技部门审核签字；如车间和工厂安技部门认为判定不妥，可重新判定。

③ 最后一栏为展开班组签字及对策栏，展开完成后班组签字对策妥善存档。

上述情况发生的灾害属于人的出乎意料的行为造成的灾害类型，必须引起充分的注意和关注，特别是在实施保全维修作业（多人作业）时，要更加注意。

5.3.4 作业标准化是班组安全的保障

所谓作业标准化，就是在作业系统调查分析的基础上，将现行作业方法的每一个操作程序和每一个动作进行分解，以科学技术、规章制度和实践经验为依据，以安全、质量效益为目标，对作业过程进行改善，从而形成一种优化作业程序，逐步达到安全、准确、高效、省力的作业效果。班组作业标准化是预防事故、确保安全的基础。

作业标准化的主要功能有：

1. 能有效地控制人的不安全行为

班组生产作业过程中，主要控制对象是人、机、料、法、环5要素。而这5要素中，必须有效地控制自由度极大的人。因为人是客观事物的主体，人的不安全行为是诱发事故的主要原因。作业标准化，能把复杂的管理和程序化的作业融为一体，能有效地控制、约束、规范人的失误，把可能发生的事故降到最低限度。

2. 能有效地控制"三违"现象的产生

"三违"现象是指生产作业中违章指挥、违规作业、违反劳动纪律三种现象。从数据统计可以看出，企业中所发生的事故有90%发生在班组，班组中有80%的事故是由"三违"现象引起的。班组作业标准化把企业各项安全要求优化为"管理标准、技术标准、工作标准"，并在作业单元上严格规定了操作程序、动作要领。把整个作业过程分解为既互相联系又相互制约的操作程序、动作标准，把人的行为限制在动作标准之中，从根本上控制违章作业，特别是习惯性违章作业，保证班组作业人员上标准岗、干标准活、交标准班，可以制约侥幸心理、冒险蛮干的不良现象。

实施保全维修作业时的安全事项：

1）选定一名作业指挥者，统一指挥行动。

2）到达作业现场，进行充分的安全危险预知识别并实施对策。

3）进入机器人等需要挂锁的区域，务必做到一人一锁。

4）作业完毕后，确认是否有工具遗留在机床上或现场。

5）退出作业现场时，确认人数及安全锁取回数量，无误后方可试机交付。

5.3.5　慢性不良状态和灾害

产品的堆积、错位、卡住等慢性不良状态也能诱发灾害。通常，作业者对这些异常不当回事儿，即使认识到这些异常，也觉得这些都很正常，置之不理，所以最终导致灾害。我们必须经常想着，来自习惯性的无意动作会导致危险发生。

而且，从上述的情况也可以看出，杜绝小停机等慢性损失，并不仅仅是为了提高运转率，还有确保安全。

5.3.6　保全不良和灾害

我们必须意识到，保全作业的失误有可能直接影响到所有保全作业员，对其造成直接伤害。例如，错误的配线、固定不良、维修结束后没有重新安装安全防护装置等都会诱发灾害。

对于工厂里很多局部排气装置和冲压设备，包括异常停止装置等的安全装置在内，不管是从卫生和灾害防止的角度，还是从法律上规定了点检和维护义务的角度，认真地进行日常的维持管理是毋庸置疑的。同时，必须绝对避免在实施维持管理时的保全作业和点检作业失误所造成的灾害。

5.4　从设备的角度看灾害防止方法

5.4.1　什么是安全性能高的设备

安全性能高的设备必须具备下列 7 个条件，能够为我们在设备选型和维护中提供参考依据。

1）必须具有很高的可靠性，能持续进行正常的运转。必须对设备内部故障引起的异常动作有连锁或修正功能，而且能经常保持这些保护功能的有效性。

2）对于因运转条件的变化和外部原因而引起的异常动作，应设有安全装置，同时具备能经常监视这些条件变化或能够发出警报等功能。

3）设备只有在操作者按正确顺序操作时才能运行，而且该操作必须是在自然、安全的状态下进行的（异常处理时同样）。

4）不容易使操作者产生错觉，而且在运转过程中不需要特别集中注意力。

5）与运转相关的逐项动作（搬运材料等）必须在安全的环境下进行。

6）不伴随危险动作就能够实施点检、润滑、修理等保全作业。

7）设备的安装和运转不会给周围带来危险。

5.4.2 设备的安全预防设计

必须从计划阶段开始考虑安全因素，不提倡在制造完成以后再在设备上追加安全栏杆和安全罩。而且，在发生不安全条件时，设备方面必须具备保证安全的功能。

设备的安全预防设计方法如下：

1. 安全装置设计

安全装置需要设计成即使系统的一部分发生故障或遭到破坏，设备还能维持安全状态，或在一定期间内能保证其安全性。例如汽车的保险杆，即使发生冲撞或追尾，它也能吸收冲击，尽量保护车身免遭破坏。其他事例可参考如下内容（见图5-3）。

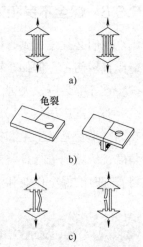

图 5-3　安全装置设计示例

1）多路径负重结构（见图5-3a）。在3根并列的长条结构中，即使其中的一根被折断，其他两根仍可以分担负重，是可以使全体不至于遭到破坏的结构。

2）分割结构（见图5-3b）。将一张板材分割成如图所示的样子，即使发生破坏，也只能停留在一张板材上，可以利用另一张没有受到损伤的板材继续完成使命。

3）接替结构（见图5-3c）。刚开始时由左侧的结构接受负重，当这个结构折断以后，继续由一直闲着的右侧结构伸直后接受负重。

4）负重减轻结构。广泛应用于飞机的结构设计等。其他还有停电时的自我保护回路、制动器的弹簧保护结构、地震感知控制等。

2. 简单明了的安全装置设计

这是为了防止因操作者或使用者的不注意或操作失误引起事故而实施的设计，有如下多种方案。

1）光栅式安全装置。在压力机、自动生产线等运转过程中，如果作业者靠近设备，就会遮挡光线，迫使设备停止。

2）垫子式安全装置。敷设在设备的周围、作业区开口处的地面上，一旦踩到垫子，设备就停止。

3）两手操作按钮式起动装置。如果有手插入到压力机等机械内部，机械不会运转，因为只有两人两只手同时按住开关时，机械才会起动。

4）防止零部件安装失误。图 5-4 所示为预防插入错误的直流电插座而采取的对策。

5）ATS 装置，利用红色信号自动停止列车；ATC 装置，利用信号的指示自动控制列车。

6）其他。

① 安全栏杆、安全插销——打开门，电源就会被切断。

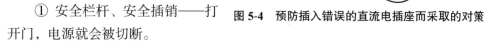

图 5-4　预防插入错误的直流电插座而采取的对策

② 洗衣机——不盖上盖子，发动机就不能运转（脱水槽）。

③ 汽车——自动门锁装置、制动器警告灯、燃油残量警告灯、速度警告谐音信号。

5.5　自主保全活动和安全

在推进自主保全活动的过程中，必须严格遵守以下内容，以确保安全。

5.5.1　确保安全的方案

1. 思考方法

对制造部门来说，自主保全活动是"不习惯""不熟练"的作业，操作人员在点检、润滑时会靠近可动部位等，增大了暴露在危险面前的可能，更加容易引发灾害，所以需要以下思考方法：

1）提倡以小组形式的作业。

2）事前设定作业内容、顺序（步骤）。

3）不要在没有切断电源的情况下靠近危险部位实施作业。

4）召开作业前的安全会议，对预想中可能发生危险采取对策。

5）作业由班组长判断、下达指示。表 5-2 为对预想中可能发生的危险采取的对策示例。

2. 对作业的判断

管理监督者在评价、判断自主保全活动参与人员的知识、经验、技能的同时，还要根据如下基本思考方式明确应和保全部门共同应对的问题以及自主保全需要应对的问题，而且必须根据对该项作业的熟悉程度下达作业指示。

表 5-2　对预想中可能发生的危险采取的对策示例

××车间　××班

风险预估评价、清扫时的风险预估评价、对策报告书

事故类型和发生件数：1磕( )件 2)夹住( )件 3)卷入( )件 4)绊、磕、摔( )件 5)掉落( )件 6)摔落( )件 7)接触高温( )件 8)接触电器( )件 9)接触有害物( )件 10)其他( )件

a.受伤的可能性（想象危险产生的可能性）

①非常高的可能性	即使非常高注意力也产生的事故	6分
②可能性高	一般注意力也产生的事故	4分
③有可能性	不留神事前产生的事故	2分
④几乎没有	不留神注意也不会发生的事故	1分
⑤无可能性	自身无危险要因	0分

b.受伤的程度（想象危险事故所达到的最差情况）

①致命伤	死亡或重度后遗症产生的事故（等级7级以上）	10分
②重伤	一个月产休事故或重度障碍的事故（等级8级以下）	6分
③中等伤	不停产前产休事故	3分
④轻伤	红药水无致 极轻微事故	1分
⑤极轻微	受伤自身也无可能性为0分时，不实施受伤的程度、频次的评价	0分

c.危险的频率（想象危险发生的情况）

①频繁	1次/天以上（1次/天以上）	4分
②偶尔	1次/周以上	2分
③少见	上述之外	1分

风险评价（a+b+c）

14分以上	水平4
9-13分	水平3
6-8分	水平2
5分以下	水平1

（水平3以上的记录保管3年）

挖掘日	设备名	挖掘内容	类型 No.	受伤的可能性	受伤的程度	危险频次	风险评价现状（对策前）	风险减减对策	物的对策实施 担当者	物的对策实施 预计日	物的对策实施 实施日	对策后的确认人 提出人	对策后的确认人 确认日期	落实 基准化 是	否
12/11	机器人清扫	因为机器人平台窄，有摔倒的危险	4	2	3	1	6（水平2）	1.提高注意力 2.明确作业时要站立的位置	焊装	12/18	12/18	12/18		是	
12/12	夹具清扫	因为夹具会失夹入上，人员有被类到的危险	2	2	1	1		TPM活动时要关掉气源	焊装	12/13	12/13	12/13		是	
														是	
														是	
														是	
														是	
														是	
														是	
														是	
														是	
														是	
														是	

注释说明：

●班组开始TPM活动前，已完成所有设备的风险预知、挖掘TPM活动中的灾害风险要因

●明确风险可能导致的事故类型、受伤的部位，受伤的可能性。随着对策的进行，危险的频率可处理的

●对危险进行对策，明确对策的担当和日期，是指导评价后的提出人

◎对危险进行对策，明确对策的担当和日期，是指需要标准化

物的对策：是指附着在设备表面的可移动的物体
标准化对策：是指对策后可修订标准的改善
处理对策：随手可处理的
手指导对策：指导对处理的或指导现场易见
班长或安全专业人员来自示范指导才可完成的

1）作业顺序必须明确。

2）必须准备好作业所需的设备。

3）必须为作业创造一个安全的环境。

4）必须具备相关作业的事前培训经历和经验。

3. 为了确保安全而实施的具体事项

1）明确自主保全活动作业明确作业名称、内容、范围等，随着阶段性进程不断充实作业一览表。

2）实现自主保全活动的标准化作业编制包含通用标准书和各阶段作业、工序特性的标准作业书。

3）有计划地实施有关自主保全活动的知识、技能培训。

① 取得相关作业必需的资格证书（参考表 5-2），并实施事前培训。

② 实施保全部门的实习、知识技能培训等。

4）明确并彻底执行异常处理作业的处理标准。

① 彻底遵守异常处理 3 原则（切断电源、挂标签、报告上级）。

② 进行作业登记，确保处理顺序标准化，并明确指定作业者（参考表 5-3 现场所需的主要资格、指名作业）。

5）提前准备作业所需的设备、工具以及防护用具。

6）在进入可动部位等危险区域进行作业时，必须严格遵守切断电源等安全须知事项。

表 5-3　现场所需的主要资格、指名作业

资格、指名作业	资格、指名作业	资格、指名作业
桥式起重机	冲压模具切屑刃部操作	粉尘作业
塔式起重机	低压电气操作	机器人（保全、示教、操作）
挂灯泡	高空作业	危险物操作
叉车驾驶	高空作业车	模具处理
拉杆叉车驾驶	锅炉操作	电瓶车
气焊	小型锅炉操作	电动台车
电焊	有机溶剂作业主操作者	公务车驾驶
磨床操作	木工机械作业主操作者	
液压机主操作者	特化物作业主操作者	

4. 彻底遵守改造和变更临时安装设备的安全装置时的规则

在变更安全对策时，必须进行充分的讨论和验证，严格遵守以安全对策研讨书为基础的安全事前评价顺序。

所谓安全对策研讨书，是指安全管理部门下达的指示，其中包括提前和安全健康部门协商有关变更、改造以后有可能发生的危险防止对策之后实施相关的变更和改造等规定。

1）管理监督者和技术人员必须严格遵守安全对策研讨书制度和运用。

2）关于变更电气回路等配线配管时的自主改善，为了防止因回路不稳定而引起的危险，必须接受专业部门的确认。

3）必须严格实施安全验收。

5.5.2　关于自主保全工作的安全标准

为了确保需要进入设备内部实施自主保全工作的操作人员的人身安全，每个车间都必须详细制定、实施能满足下列基本条件的安全标准。

1. 事前培训

1）教授正确的安全工作方法。

2）关于需要资格证书的工作，在实施以前必须取得相关资格认证。

3）为了实施正确的工作，必须做到培训有素、严格遵守。

4）要熟悉现场须知纪律。

2. 作业前

1）确定作业负责人和指挥者。

2）要召开作业前会议。

3）要彻底明确作业方法和顺序等准备工作、作业分配、人员确认、人员分配的指示及在其作业中的危险预知和注意事项，见表5-4。

4）全部人员都要穿戴防护用具，详细请见表5-5，以上表单应根据施工现场情况进行适当调整。

3. 作业中

1）断开电源开关，然后贴上"请勿合上此开关"的标识（虽然一般情况下参与此次作业的所有人员都可以贴标识，但必须明确规定由谁来贴这个标识为宜；对代表性的设备必须提前明确规定）。在实施拆卸与空压机相关的作业时，必须关闭主阀门，抽掉残压。

2）多人作业时，对于使用钥匙的开关，钥匙必须由专人携带保管。

3）拔除安全插销。

4）根据需要安装安全防护块。

5）维护作业场所和周围环境的安全。

6）不实施单独作业。

7）编入设备特有的，尤其是安全上的注意事项。

4. 作业结束时

1）清理工具、零部件等。

2）确认人员。

3）插入安全塞，将安全防护块恢复到原来的位置。

4）召开会议（回顾已实施的作业，确认是否有异常）。

5）取下"请勿合上此开关"的标识。

6）插入钥匙开关（或复原主阀门等）。

表 5-4　保全作业之前的点检

项目		点检要点
保护用具	安全带	1）安全带能否扣紧 2）安全带、皮带扣、安全绳有无损伤 3）高空（处）以外的作业或移动中，安全绳有无下垂
	防护鞋（靴）	1）前端金属、皮鞋面、靴底、鞋带有无损伤 2）检查静电靴、耐电靴的通电情况
	防尘罩	1）吸气阀、排气阀的工作状况 2）罩本身、上紧带有无劣化和损伤 3）过滤材的使用时间和使用期间的污染程度
	安全帽	1）外表面无龟裂、破损 2）帽体与内保护套（帽衬）间隔 25mm 以上 3）帽衬、帽带无破损
	防尘遮光眼镜	镜片无污染、损伤
搬运工具	牵引车	1）确认燃料、油、电瓶液液量 2）轮胎有无气压、磨耗及损伤，轮毂螺母有无松动 3）发动机发动情况及有无输出扭转异常 4）方向盘、本体、牵引连接部分有无松动、损伤
	叉车	1）确认燃料、油、冷却液、电瓶液液量 2）轮胎有无气压、磨耗及损伤，轮毂螺母有无松动 3）发动机发动情况及有无输出扭转异常 4）叉子、后背部、防护栏、本体有无损伤 5）使用液化气的情况下，气瓶、软管的安装状态及有无损伤 6）脚制动、手制动的效果

（续）

项目		点检要点
搬运工具	三轮车	1）车把、曲轴、脚踏板、车体有无松动、损伤 2）轮胎有无气压、龟裂 3）前轮、后轮制动是否都起作用 4）轴承在三轮车行走时是否有异音
	保全用小型货车	1）确认燃料、油、冷却液、电瓶液液量 2）轮胎有无气压、磨耗及损伤，轮毂螺母有无松动 3）脚制动、手制动的效果 4）确认前照灯、倒车灯、制动灯、方向指示灯是否正常 5）发动机发动情况及有无输出扭转异常 6）确认方向盘、离合、变速杆有无异常
焊接设备	气焊焊接设备、工具	1）割炬、焊炬、软管、安全器是否漏气 2）压力计、软管、割炬、焊炬有无损伤
	弧焊焊接机	1）确认地线的接地状况 2）确认接线端子架绝缘部分有无破损及移动轮装置有无损伤 3）确认防止电击装置的工作情况 4）确认焊钳电缆的绝缘状况
加工设备	台式研磨机	1）确认研磨石有无松动、划伤、裂痕、开裂及旋转的平衡性 2）研磨石与工件支架间隙要在 3mm 以内 3）研磨石与调整片的间隙要在 10mm 以内 4）确认防尘玻璃等的损伤、吸尘装置的工作状况
	摇臂钻床	1）滑动面、齿轮箱等的润滑油量 2）各种开关、指示灯、照明装置有无损伤 3）主轴的旋转状态、各切换杆的工作状态 4）确认台虎钳、工作台的松旷、上紧状况
	砂轮切割机	1）确认砂轮片有无松动、划伤、裂痕、开裂 2）确认安全罩的安装状态、吸尘装置的工作状况 3）确认砂轮片固定上紧状态
	台式钻床	1）确认电动机有无松动，旋转时的异音、振动 2）V 带有无松动、损伤 3）确认钻夹头、台虎钳、工作台的松旷、上紧状况
吊具	零部件吊挂钢丝绳	1）确认磨耗、扭折、生锈、劣化等状况 2）绳股有无断裂 3）缔结金具、绳索部有无变形、破损

（续）

项目		点检要点
吊具	行车	1）确认控制室、操作盘、警报器等 2）钢丝绳的扭折、磨耗及绳股的断裂状况 3）行走、横走、卷扬提升装置的工作状况 4）卷扬提升装置上的过卷扬机构、升降制动的工作状况 5）滑道等干涉区域有无其他工作人员
	无线装置部	1）确认电瓶的充电状态、操作键的工作状况 2）急停、制动、警报器、过卷扬装置等的安全装置机能 3）各操作部分的铭牌标识是否明确
	葫芦式起重机	1）确认各操作键、上升限位的工作状况 2）钢丝绳的扭折、磨耗及绳股的断裂状况 3）滑道等干涉区域内有无其他工作人员
其他	脚架	1）有无防滑（机构） 2）防开启金具、本体各零件有无损伤
	局部排气装置	1）吸入状况、振动、异音等 2）吸气罩、通道、风挡等有无腐蚀、磨耗、破损 3）确认过滤器有无堵塞、破损
	梯子	1）有无防滑装置、有无连结用绳索 2）本体各部有无损伤

表 5-5　保护用具一览表（保全部门）

保护用具名称	类型（例）	用途
安全帽	玻璃钢安全帽、塑料安全帽、防寒安全帽、编织安全帽	一般作业、高空作业、车辆运输作业（从保全部门到现场作业时务必佩戴）
防尘眼镜	—	磨光作业、钻床作业、机械加工、有机溶剂操作作业、涂装作业、油压机械操作、吹风作业、修磨作业等
焊接护目镜	普通型、带侧光板型	气焊作业、弧焊作业
焊接面罩	头戴式面罩、手持面罩、安全帽面罩、安全帽前挂眼镜面罩、光控电焊面罩	弧焊作业
防尘口罩	自吸过滤式防尘口罩（简易、复式）	磨削作业、弧焊作业、除尘作业
防毒面具（口罩）	导管式、直接式	有机溶剂操作作业
耳塞	瓶状、圆柱状、球状	噪声达到 80dB 以上的作业、冲压车间、铸锻车间等的保全作业

（续）

保护用具名称	类型（例）	用途
线手套（白纱手套）	—	一般保全作业、电气保全作业
布手套	长型、帆布、增强、普通	冲压件操作作业、准备作业、零部件吊挂作业
皮手套	3手指型、5手指型	弧焊作业、气焊作业
塑料手套	—	耐溶剂操作作业、油脂操作作业
绝缘手套	耐电（10000V）	电气保全作业
橡胶长靴	半长、长	清洗作业、水处理作业、涂装作业
防水服	防护雨衣、下水衣	清洗作业、水处理作业、屋外雨天作业
连体作业服	防尘（含聚酯）	污染作业、粉尘作业、油脂操作作业
安全带	围杆作业安全带、悬挂作业安全带（单腰带式、双腰带式）、攀登安全带	高空作业
绝缘鞋（靴）	高压、低压	电气保全作业、辅助安全用具
套袖等其他	—	一般保全作业

第6章　设备管理实战工具应用

本章汇总了自主保全推行中的实用表单、TPM 自主保全各步骤的推进流程、自主保全推行要点以及企业案例，是前面 5 章的升华，方便大家直接使用。

6.1　TPM 自主保全看板用表单

福利：购买《原汁原味全员生产维护 TPM 实战》书籍赠送本章中的电子表单，获取方式请关注视频号或抖音号，在留言框中输入"买书送表单"，工作人员将会联系您并提供表单。

1. 请加小强团队视频号　　　　　　**2. 请加小强团队抖音号**

为了更好地实践 TPM，本书收集了丰田某集团公司在推进自主保全活动中使用的经典表单供读者参考，见表 6-1~ 表 6-21。请读者根据企业的实际情况，选择其中一部分表单活用，千万不要生搬硬套！

表 6-1　TPM 活动看板布局图

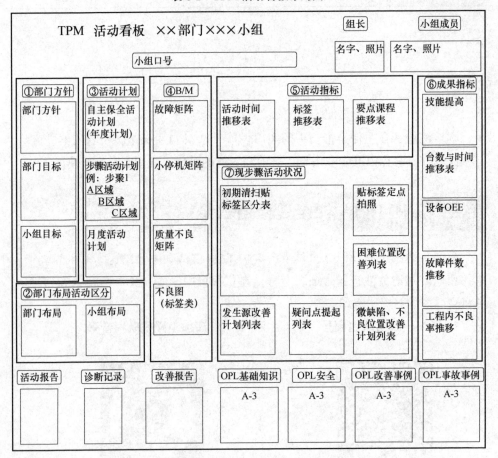

表 6-2　部门方针

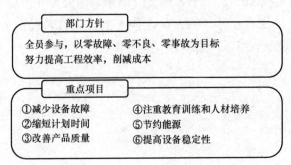

表 6-3　小组专项活动与目标设定参考

活动名	重点课题	目标
安全环境活动	□ 虚惊事件的活用与落实 □ 遵守既定的标准 □ 活用业务的架构 □ 从考虑环境的角度展开活动	□ 事故、故障：零 □ 环境异常：零 □ 发掘、活用虚惊事件的件数：×× 件 / 人 / 月
自主保全活动	□ 展开自主保全的 7 个步骤	□ 展开、操作时间的削减：减少 ××% / ×× 年度对比 □ 个别改善件数：×× 件
计划保全活动	□ 降低保全费用 □ 确保设备的信赖性 □ 支持自主保全活动	□ 降低保全费用：降低 ×× 亿元（×× 年） □ 预知、预测技术、设备诊断技术的开发导入件数：×× 件（×× 年度）
设备初期管理活动	□ 加强建立、设置的业务 □ 新增设、改造设备的垂直量产 □ 充实 MP 设计	□ 降低投资额：×× 亿元 □ 新增设、改造设备的垂直量产：×× 天以内 □ 充实 MP 情报
设备效率化活动	□ 提高设备的生产率 □ 确保新规设备的建设与安定运转	□ 收益力提升 □ 省能源
质量提升活动	□ 取得 ISO 认证 □ 质量适切化活动	□ 取得 ISO 认证：×× 年度 □ 质量适切化所产生的成果：×× 亿元
教育活动	□ 支持其他分科会 □ 提升成本意识的支持活动 □ 提升保全技术 □ 培养事务专员	□ 成本意识程度：提升 ××% □ 培育保养工程师：×× 人以上 □ 培育保养技能员：×× 人以上 □ 资格取得：×× 件 / 人 ×× 年 □ 通信教育：受讲率 ××% 　　　　　　结业率 ××%
效率高的活动	□ 进行"业务标准化"，提高自主保全活动效率 □ 进行消灭损失（LOSS）的个别改善活动 □ 进行新办公室化	□ 标准化件数：×× 件 □ 机械化件数（OA 化）：×× 件 □ 废止件数：×× 件 □ 效率化时间：×× h □ 经费减少：×× 亿元

170

表 6-4 自主保全推行大日程

推进项目	总经理		2018年							2019年												2020年												2021年											
			5	6	7	8	9	10	11	12	1	2	3	4	5	6	7	8	9	10	11	12	1	2	3	4	5	6	7	8	9	10	11	12	1	2	3	4	5	6	7	8	9	10	11	12
			▲ #1诊断会						▲ #2诊断会							▲ #3诊断会							▲ #4诊断会						▲ #5诊断会							▲ #6诊断会						▲ #7诊断会						▲ #8诊断会

项目	责任者	进度	TPM0阶段		TPM1阶段							TPM2阶段													TPM3阶段												TPM4阶段

0阶段：前期准备
- 1）分析公司发展现状　××　计划（首次会议）／实际
- 2）建立TPM活动组织　××　计划／实际
- 3）建立TPM推进机构　××　计划／实际
- 4）整理制作TPM培训教材　××　计划／实际
- 5）成员的培训　××　计划／实际

第1阶段
- 1）初期清扫　××　计划／实际
- 2）不合理发现及复原　××　计划／实际
- 3）问题点传票张贴　××　计划／实际
- 4）疑问点的对应　××　计划／实际
- 5）1阶段诊断　××　计划／实际

第2阶段
- 1）清扫时暂定标准书的编制　××　计划／实际
- 2）微缺陷问题对策　××　计划／实际
- 3）改善清扫困难的地方　××　计划／实际
- 4）树立发生源对策　××　计划／实际
- 5）2阶段诊断　××　计划／实际

第3阶段
- 1）完善基本条件、作业方法　××　计划／实际
- 2）标准的确立　××　计划／实际
- 3）成员5S（异常、正常）观察能力的培养　××　计划／实际
- 4）成员预知异常能力的培养　××　计划／实际
- 5）3阶段诊断　××　计划／实际

第4阶段　总点检　××　计划／实际

确认

表 6-5　月度实行计划书

月度实行计划书

步骤：　　　　　　　　　　　　　　　　　　　　　　年　　月　　日编制

所属		小组名		工程		设备 No.	
活动主题				活动目标			

No.	项目	担当	活动时间	月 10									月 20									月 30 1									月 10	20	确认
				1	2	3	4	5	6	7	8	9	1	2	3	4	5	6	7	8	9	1	2	3	4	5	6	7	8	9			
1																																	
2																																	
3																																	
4																																	
5																																	
6																																	
7																																	
8																																	
9																																	
10																																	
11																																	

组长	主任	部长

表 6-6 B/M（矩阵表）数据把握表

| B/M故障矩阵（　）时间：　/　～　/ | | | | | | 年　月　编制 |

工程和设备 / 故障现象							故障件数
1							
2							
3							
4							
5							
6							
7							
8							
9							
10							

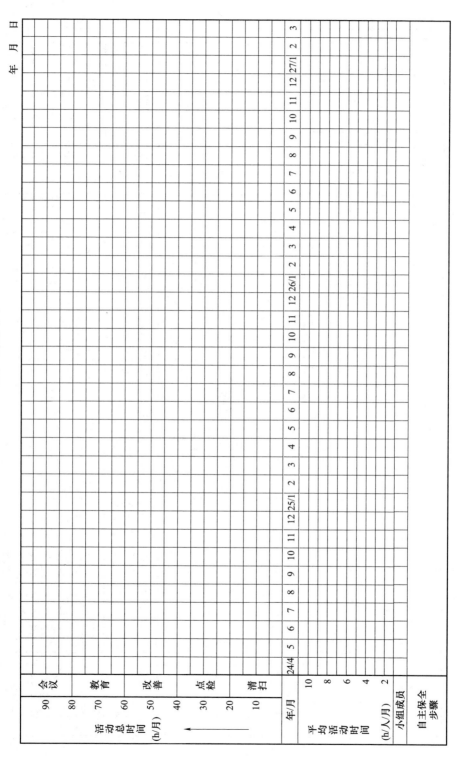

表6-7 TPM活动时间推移表

表 6-8 标签推移表

工程：

记入例

编制日期 年 月 日

□挂标签累计
☑取标签累计

（白、红） 挂标签、取标签情况

F–F张数超过图表数值时重新评价数值（切头图表不行）

手工绘图比计算机绘图好

横轴是36月(3年以上)

取标签张数

红标签根据处理原则及科长指示摘除（第1步开始摘除比较好）

分区进行彻底的初期清扫

第1步　第2步　第3、4步

A区域 B区域 C区域 ‖ A区域 B区域 C区域

白标签挂取张数	350 300 250 200 150 100 50

	0	50	110	140	150	180	240	290

红标签挂取张数	20 10

白								
红	6	6	8	8	9	10	10	10
合计								

24月 4月 5月 6月 7月 8月 9月10月11月12月 1月 2月 3月 4月 5月 6月 7月 8月 9月10月11月12月 1月 2月 3月 4月 5月 6月 7月 8月 9月10月11月12月 1月 2月 3月

25　　　26　　　27　　　28

标签挂取张数

自主保全步骤

表 6-9　OPL 制作张数

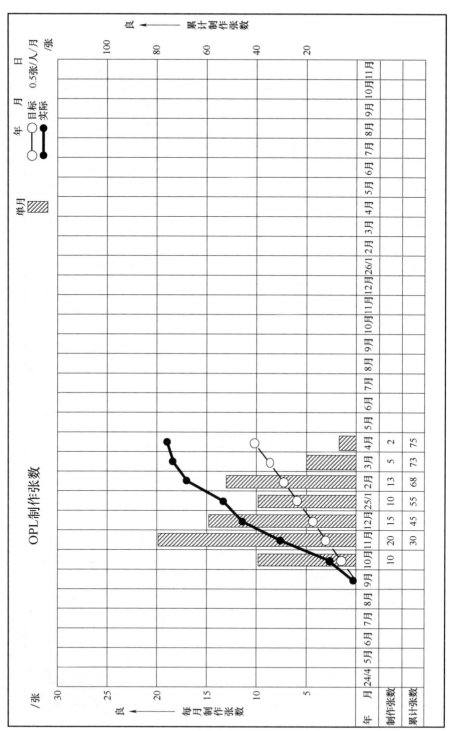

表 6-10　号口工数推移表

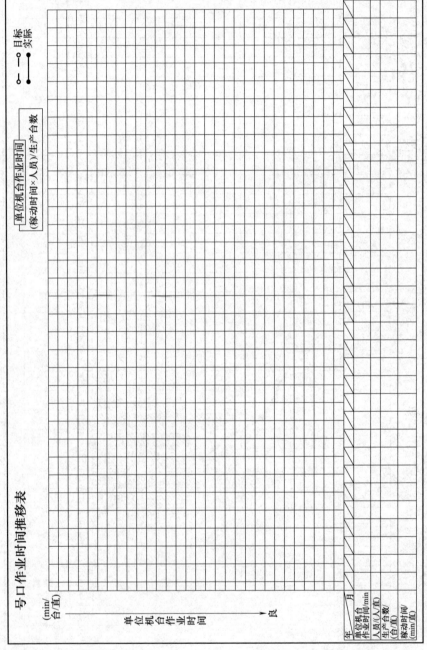

号口作业时间推移表

単位机台作业时间
(稼动时间×人员)/生产台数

○─── 目标
●─── 实际

注：号口工数是丰田公司用于记录生产率的名称。

176

表 6-11　可动率推移表

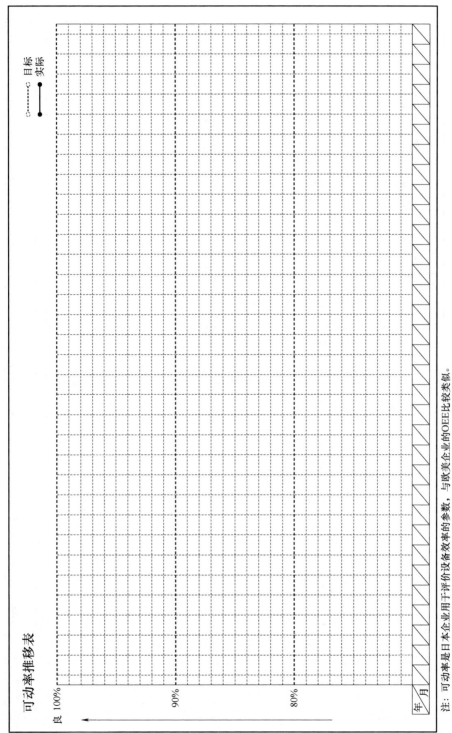

注：可动率是日本企业用于评价设备效率的参数，与欧美企业的OEE比较类似。

表 6-12　故障件数推移表

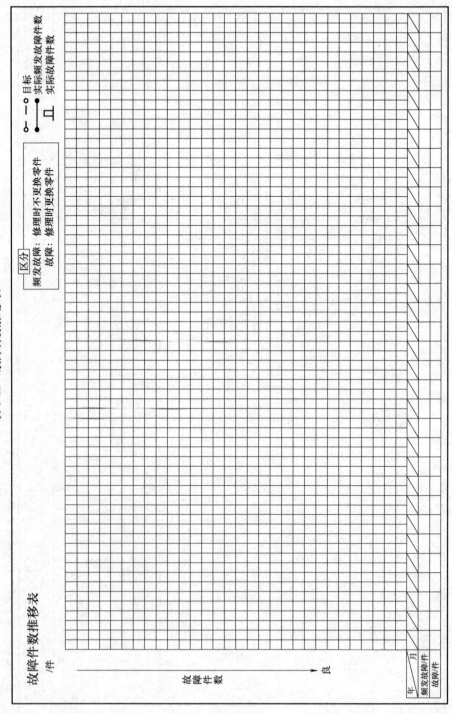

表 6-13　工程内不良率推移表

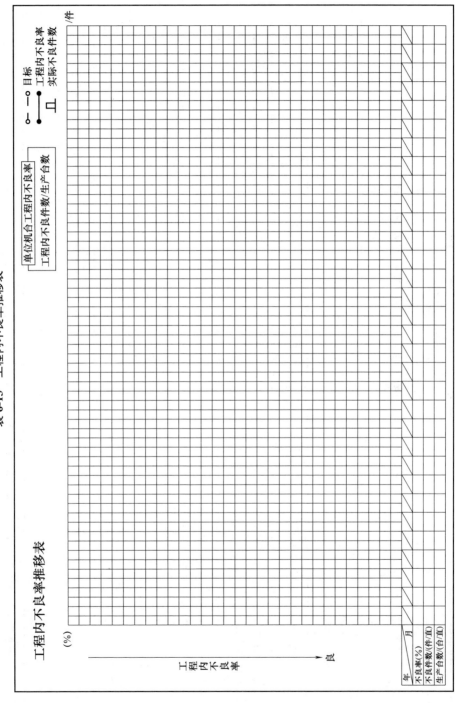

工程内不良率推移表

表 6-14　问题点记录表

问题点记录表

小组名称 _____　工程 / 设备名称 _____　No. _____

标签 No.	日期	部位	不良内容	发现者	不管的话会怎么样	如何采取对策	内、外	预计 日期	完成 日期	确认

注：问题点记录表一般分散缺陷、发生源、困难点、疑问点 4 张表单。

表6-15　定点拍照表

定点拍照记录表

PART			
目的	5S提高		

要求：
- 同一台相机
- 从同一个位置
- 对着同一个对象拍照

阶段\地方	第1阶段	第2阶段	第3阶段	第4阶段
地方	对照镜子发现的自己的短处—自己职场的— • 短处 • 不想给别人看见的地方 • 有发生危险、灾害可能性的地方 • 经常发生质量不良的地方 • 5S不良的地方 • 发生瞬停的地方 • 瓶颈等	评价栏的点数用○圈起 1点：这样完全不行 2点：稍微好些 3点：马马虎虎可以看看 4点：好多了但是还差一点 5点：几乎接近完美状态 评价点栏中涂上颜色从远处也可以看到，很方便	评价栏的点数用○圈起 1点：这样完全不行 2点：稍微好些 3点：马马虎虎可以看看 4点：好多了但是还差一点 5点：几乎接近完美状态 评价点栏中涂上颜色从远处也可以看到，很方便	评价栏的点数用○圈起 1点：这样完全不行 2点：稍微好些 3点：马马虎虎可以看看 4点：好多了但是还差一点 5点：几乎接近完美状态 评价点栏中涂上颜色从远处也可以看到，很方便
	月　日　实施者	月　日　实施者	月　日　实施者	月　日　实施者
评价点	1　2　3　4　5	1　2　3　4　5	1　2　3　4　5	1　2　3　4　5
备注				

阶段\地方	第1阶段	第2阶段	第3阶段	第4阶段
地方	对照镜子发现的自己的短处—自己职场的— • 短处 • 不想给别人看见的地方 • 有发生危险、灾害可能性的地方 • 经常发生质量不良的地方 • 5S不良的地方 • 发生瞬停的地方 • 瓶颈等	评价栏的点数用○圈起 1点：这样完全不行 2点：稍微好些 3点：马马虎虎可以看看 4点：好多了但是还差一点 5点：几乎接近完美状态 评价点栏中涂上颜色从远处也可以看到，很方便	评价栏的点数用○圈起 1点：这样完全不行 2点：稍微好些 3点：马马虎虎可以看看 4点：好多了但是还差一点 5点：几乎接近完美状态 评价点栏中涂上颜色从远处也可以看到，很方便	评价栏的点数用○圈起 1点：这样完全不行 2点：稍微好些 3点：马马虎虎可以看看 4点：好多了但是还差一点 5点：几乎接近完美状态 评价点栏中涂上颜色从远处也可以看到，很方便
	月　日　实施者	月　日　实施者	月　日　实施者	月　日　实施者
评价点	1　2　3　4　5	1　2　3　4　5	1　2　3　4　5	1　2　3　4　5
备注				

表6-16 暂定标准书制作

所属	No.	运转中/停止中点检	场地、部位	标准	方法	处理	工具	所需时间	班	日	周	月	年
清扫	①	●	前、后座确认污物	无渣滓、铁屑污物	目视、指触	擦拭	擦拭布	0.3min	●				
	②	●	各座确认表铁屑	无渣滓、铁屑污物	目视、指触	擦拭	擦拭布	0.3min	●				
	③	●	翻边部位表铁屑	无渣滓、铁屑污物	目视、指触	擦拭	擦拭布	0.3min	●				
	④	●	零部件到位板面铁屑	无渣滓、铁屑污物	目视、指触	擦拭	擦拭布	0.3min	●				
润滑	⑤	●	油压罐	油标规内 ACT32 250L	目视	加油	油杯	0.5min			●		
	⑥	●	润滑油	油标规内 D68 10L	目视	加油	油杯	0.5min			●		
	⑦	●	中心润滑油	油标规内 D68 5L	目视	加油	油杯	0.3min			●		
	⑧	●	气动装置润滑油	油标规内 S10 1L	目视	加油	油杯	0.5min			●		
点检	⑨	●	冷却液吐出量	油标规内	油标规	不调整阀门	—	1min			●		
	⑩	●	冷却液吐出方向	对准加工点	目视	不调整冷却液喷嘴	—	0.5min			●		
	⑪	●	设备内铁屑积存	无铁屑积存	目视	清扫	扒出棒	1min			●		
	⑫	●	油石轴传送带	松弛度在设定以内 无磨耗、龟裂	指触、目视	调整或者更换	扳手、其他	10min				●	
	⑬	●	主轴传送带	松弛度在设定以内 无磨耗、龟裂	指触、目视	调整或者更换	扳手、其他	5min				●	
	⑭	○	配电盘过滤器	无污物	指触、目视	不更换	—	0.1min			●		
	⑮	○	作动油过滤器	油标规内	油标规	更换	扳手、其他	0.5min					●2次

签认栏：科长　工段长　班长　指导员　制作者　保全段长

变更记录

发行日 □=运转中 ■=停止中　场地、部位 ○=运转中 ●=停止

自主保全
清扫、润滑点检标准书

机器编号	设备名称 销子研磨机
线体名	

所需时间	班	日	周	月	年
82.7min/月	1.5	0	2.6	5.5	10

点检时间
白 8:15～8:25　夜20:15～20:25

开始 ①②③④⑦ ⑨⑩⑪ ⑤⑥⑧⑮ ⑫ ⑬ ⑭

表 6-17　TPM 活动报告

小组报告书		发布时间	年　月　日　（第　回）				
		小组名称					
题目		所属部门	部门　　系				
		小组组长		记录			
参加者		活动内容	清扫	时　分～		时　分	
			改善	时　分～		时　分	
			教育	时　分～		时　分	
			会议	时　分～		时　分	
			点检	时　分～		时　分	
			总时间				

No.	项目	实施内容和对策	日期	实施者

表 6-18 改善示例

改善示例			确认	日期 年 月 日			
	小组名			部长	主任	小组长	编制者
	生产线名						
	设备名						
自主保全改善	①发生源 ②飞散防止 ③清扫困难 ④润滑困难 ⑤点检困难 ⑥安全		个别改善	⑦故障 ⑧瞬停 ⑨质量 ⑩物流 ⑪作业 ⑫成品率			
改善前的状况	哪个部位、哪里不好		改善后的状况	哪个部位、哪里改善了			

现状	对策内容	效果	设备可动性提高	/年
			质量提高	/年
			成品率提高	/年
			作业时间短缩	/年
				/年
			合计	/年

表 6-19　OPL

事故事例
TPM单点课程

主题	

	月/日	/	/	/	/	/	/	/	/
课程	讲师								
	听课者								

管理No.(即工作单位管理No.)	编制日期	年　月　日	确认	责任者
	单位名称			
TPM	PM队名			

表 6-20　操作员技能评价

TPM操作员技能评价

所属：＿＿＿＿　评价者：＿＿＿＿　评价日期：＿／＿／＿　编制日期：＿／＿／＿

技能定义：

面对所有现象，具备使用所掌握知识进行正确的反射型行动能力，以及持久的维护能力

TPM操作员所需技能：

①察觉现象的注意力、发现力

②对现象的正确判断力

③将现象防于未然的能力

④预知现象的能力

⑤现象的正确处理能力、行动力

⑥恢复原状的能力

技能等级评价

等级1：了解

等级2：会做一部分（能说）

等级3：可以自信地做（能说明）

等级4：能教别人

名字 内容	阶段1				阶段2		技能评价项目	阶段3			阶段4
	自己工作范围的安全规则	初期清扫的目的	发现小缺陷(挂标签)	良品条件	良品、不良品判断	恢复技能	原因对策(取标签)	清扫、润滑、紧固的维护管理	制作暂定标准书	设备的正常状态(设备、机械要素)	原因分析	PM分析
	① · ②		② · ⑤ · ⑥		③ · ④		③ · ④ · ⑤			

表 6-21　自主保全诊断表

			申请日期	科长	组长

自主保全诊断表

自主保全诊断申请	小组名称			诊断结果		
	工程名称			点	合格	不合格
阶段0：事前准备	期望诊断日期					
	诊断日期	年　月　日		自主	科长	高层
		时～　时		90点以上	85点以上	80点以上

诊断	自主	科长	高层

诊断点	诊断的重点	不足	普通	良	问题事项
目标理解	是否理解为什么要导入TPM	2	4	5	
	是否理解为什么要进行自主保全活动	2	4	5	
TPM小组	TPM小组成员的选定/组织的设立	2	4	5	
	明确小组的工作业务、活动时间、参加率是否合理	2	4	5	
	小组的目标是否在活动看板中明示	2	4	5	
	TPM工程的选定/选定理由是否了解	2	4	5	
	TPM活动的目标、计划是否完成（含实施时间、活动日期的确定）	2	4	5	
活动看板准备	各种表格是否已经粘贴	2	4	5	
	各种表格、图的制作方法是否理解	2	4	5	
	现状把握	2	4	5	
	B/M表显示的问题点是否理解	2	4	5	
	现状的问题点的照片拍摄（在1阶段时是清扫、点检的重点）	2	4	5	
	挂、取标签的方法是否理解/标签的准备	2	4	5	
安全	安全锁、电源操作的铭牌、不安全行为的防止等是否理解	2	4	5	
	保护用具(安全鞋、护目镜、安全帽等)的准备	2	4	5	
必要工具	清扫用品的准备（清洗液、抹布等）	2	4	5	
	TPM活动KPI数据的管理	2	4	5	
其他	每月TPM小组的会议（10重点）	2	4	5	
	设备运转基准书等的准备	2	4	5	
	公司内部教育的实施	2	4	5	
综合评价					

评价标准		2	4	5
评价内容	场所、设备	• 有未实施的地方	•看得见的地方充分实施	• 看不见的地方也实施
	人	• 仅仅领导在实施	• 全员参加活动但是缺乏积极性	• 明确地进行活动

6.2 自主保全各阶段内容

有些企业在推行 TPM 自主保全时，因不了解各阶段（步骤）需要准备的工具表单，很大程度上影响了 TPM 的推进，虽然投入了大量时间，效果却不理想，反而增加了员工的负担。图 6-1~ 图 6-7 所示分别为步骤 0~ 步骤 6 需要的工具表单和相关资料。在实际推行过程中，并不是所有表单都需要准备好和使用，只选用适合自身企业的即可，然后随着推行将其优化。不过，在优化前，需要推行者已深刻理解这些表单的目的和用途。

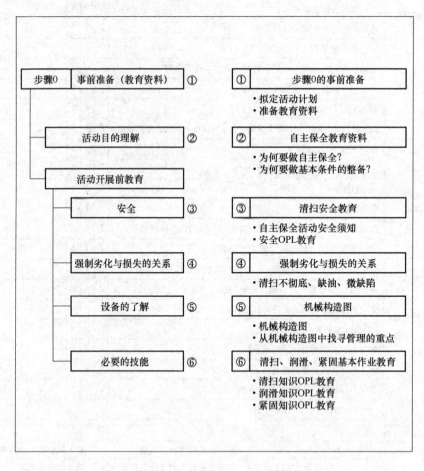

图 6-1　步骤 0 的活动准备项目

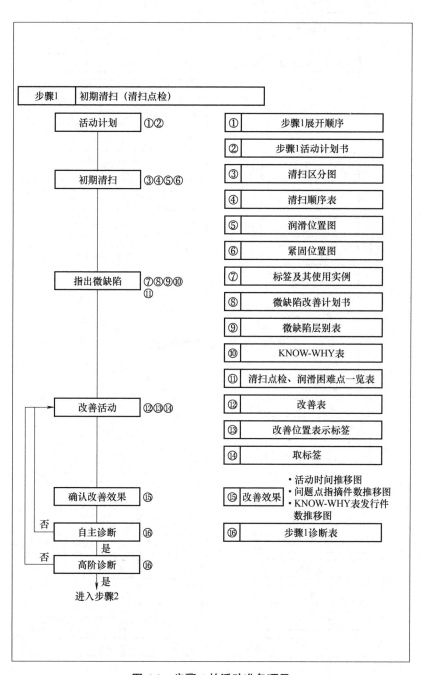

图 6-2　步骤 1 的活动准备项目

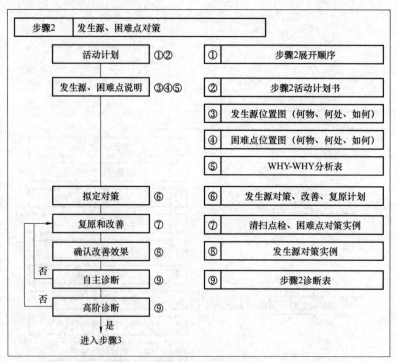

图 6-3　步骤 2 的活动准备项目

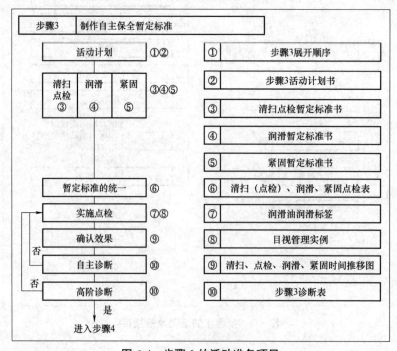

图 6-4　步骤 3 的活动准备项目

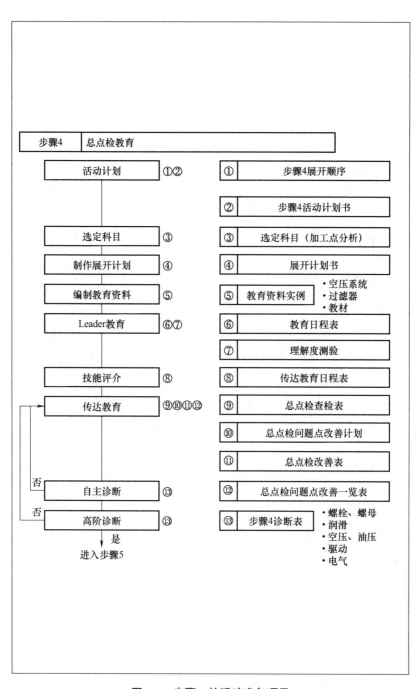

图 6-5　步骤 4 的活动准备项目

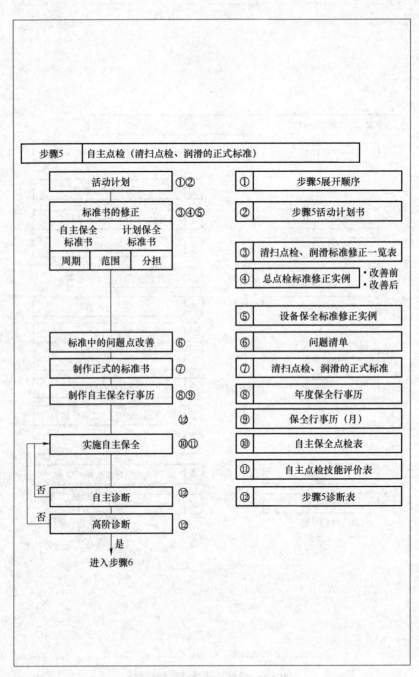

图 6-6　步骤 5 的活动准备项目

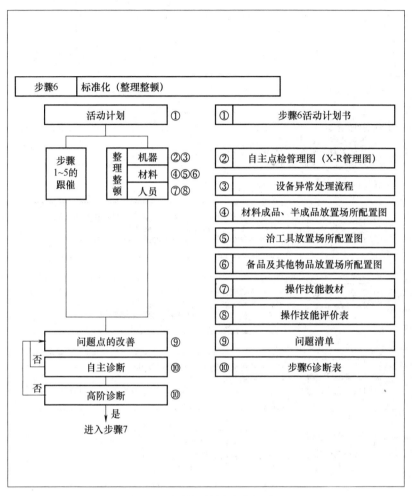

图 6-7　步骤 6 的活动准备项目

6.3　自主保全步骤 0~ 步骤 5 活动推进要点

　　第 4 章中介绍了 TPM 自主保全的推行，但没有进行汇总，本节以某车企自主保全各步骤推进要点为例（见图 6-8~ 图 6-13），帮助读者系统了解自主保全的标准流程。每个步骤的推进流程，是每个成员必须掌握的知识。

事前准备（步骤0）

1. 活动目的理解
   1) 为何要做自主保全？
   2) 为何要做基本条件的整备？
   3) 自己负责设备的现场观察。

2. 活动开展前教育

1) [安全]
- 实施初期清扫时，制作受伤、事故等的危险预知（触电、空气残压、洗净剂、灰尘进入眼睛、落下物……）
- 针对不安全状况、不安全预测的教育和对策

2) [强制劣化与损伤的关系]
- 为何会变成强制劣化？
- 如果变成强制劣化会发生何种损失？
- 调查不良、故障、短暂停机的发生状况

3) [设备的了解]
- 将设备机构绘制成简单的机械构造图
- 了解机构的作用
- 设备有污垢、缺油、螺栓松动时会发生何种不良？

4) [必要的技能]
- 清扫——能巧妙清除污垢的方法、发现缺陷的方法
- 加油——目的、种类、方法、量、周期
- 锁紧——目的、正确的紧固方法、工具的使用方法

图 6-8　步骤 0 推行的标准流程

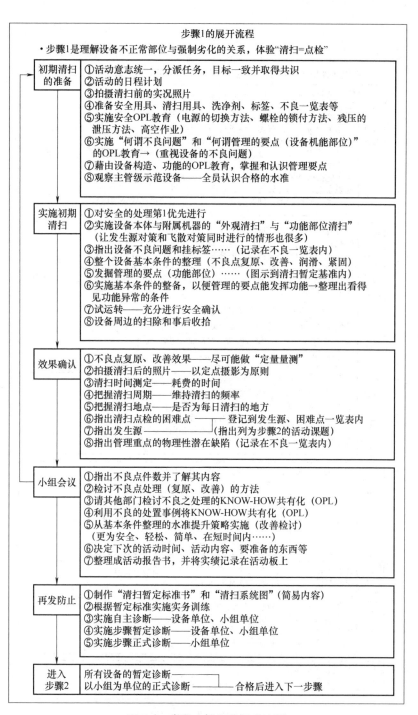

图 6-9 步骤 1 推行的标准流程

步骤2的展开流程

• 步骤2是要断绝强制劣化的"根源"，并实现能够在短时间内维持的系统

发生源、困难点的准备	①活动意志统一，分派任务，目标一致并取得共识
	②活动的日程计划
	③拍摄改善前的实况照片
	④准备改善用具及道具（硬纸板和大胶带等）
	⑤准备发生源、困难点一览表、标签等
	⑥何谓"发生源、困难点""何谓管理重点的物理性潜在缺陷"的OPL教育
	⑦"制作东西"的技能训练
	⑧实施由管理的要点看设备机器构造、机能OPL教育
	⑨观察主管级示范设备——认识改善的想法
	⑩"改善应有状态"的共有化——认识改善费用和效果的比较

发生源、困难点对策的实施	①对安全的处理优先进行
	②拟定出发生源、困难部位的对策——依据步骤1继续实施
	③拟定出管理要点的物理性潜在缺陷对策（机能管理困难点）
	④实施发生源、困难部位的对策——为谋求彻底改善，须进行多次对策
	⑤管理的重点（实施与机能部位相关的物理性潜在缺陷对策可视化）是建立目视管理的基础

主体内容：透明化 与 可视化

| | ⑥实施"飞散的对策"——首先从"硬纸板作战"开始 |

断绝→包围→承接→收集→易处理→看得到

| | ⑦步骤2的合格标准和现在的水准做比较（活动课题的显现化） |

效果确认	①改善前后的效果——"定量测定"（算出基准很重要）
	②核对改善费用与效果（评价效果）的差异
	③拍摄改善后的相片——第1次、第2次改善依序拍摄
	④掌握清扫点检、润滑位置个数及所需时间、周期等
	⑤把握管理要点的设备管理处所数及所需时间周期等
	⑥步骤2的合格标准和现在的水准做比较（活动课题的显现化）

小组会议	①指出发生源、困难部位的件数并了解其内容
	②检讨发生源、困难部位的对策方法——原因分析很重要
	③做成改善后的照片事例（KNOW-HOW可编制OPL）
	④检讨委由其他部门改善的事项——改善是一起做！
	⑤提出物理性潜在缺陷（机能管理困难部位）可视化的构想（IDEA）
	⑥决定下次的活动时间、活动内容、要准备的东西等
	⑦整理成活动报告书，并将实绩填入活动板

再发防止	①制作清扫点检暂定标准书（步骤1的暂定基准书进化版）
	②根据清扫点检暂定标准实施实务训练
	③改善位置，实施目视管理
	④步骤3——需要更进一步改善的项目
	⑤实施自主诊断——设备单位、小组单位
	⑥实施步骤暂定诊断——设备单位
	⑦实施步骤正式诊断——小组单位

进入步骤3	所有设备的暂定诊断 以小组为单位的正式诊断——合格后进入下一步骤

图 6-10　步骤 2 推行的标准流程

	步骤3的展开流程
	• 步骤3是为了落实短时间内可维持设备不发生强制劣化的规则

步骤3 活动准备	1) 清扫点检的效率化 ①让更不易脏污的清扫点检和机能部位的管理更容易化的改善准备 ②步骤3的合格标准与目前水准的差异认知（课题的显现化） ③准备自主保全暂定标准书和查检一览表 △除上述之外，也要做与之前步骤相同的准备 2)「润滑」的总点检（原则上是在步骤4) ①润滑管理的小组长（Leader）教育（手册教育) ②润滑管理的小组成员教育（传达教育=OPL) ③总点检活动要领的认识 ④排定活动日程计划 ⑤准备润滑油、润滑装置的总点检表和分解点检的道具 ⑥加油站的整备 ───┐ ⑦统一所使用的油种 ──┴── 由支持者实施 ⑧观察管理职的示范设备──掌握活动的重点 ⑨有关润滑油和机器相关之管理重点的OPL教育
步骤3 活动实施	1) 清扫点检的效率化→管理重点的目视化有必要再提升 2)「润滑」的总点检 ①润滑油的总点检────┬── 调查和分析所使用油种的劣化情形，并换油 　　　　　　　　　　└── 更换被误用的油种 ②润滑装置的总点检───┬── 润滑装置与应该加油部位的整理 　　　　　　　　　　├── 微缺陷的指出和对策 　　　　　　　　　　└── 出油量和出油方向的检查 ③加油的效率化改善───┬── 延长润滑的周期，使用统一的油种 　　　　　　　　　　└── 集中润滑 ④将润滑油与装置发生异常的判定标准化目视化 目视管理────────┬── 管理重点（功能部位）的明显化 　　　　　　　　　├── 管理重点（功能部位）的目视化 　　　　　　　　　└── 将正常和异常的判定标准化和色彩化 　　　　　　　　　　　（重要的是基本条件和使用条件的标准化)
效果确认	1) 清扫点检的效率化──用和之前步骤相同的观点来作效果测定 2)「润滑」的总点检 ①润滑油的总点检────┬── 消耗量和劣化状态──加油周期的设定 　　　　　　　　　　└── 油温、冷却状态──适当油温的掌握 ②润滑机器的总点检───── 设备发生不良时对策前后的效果 　　　　　　　　　　　（例如漏油、功能部位的磨损状况等) ③加油的效率化改善───── 加油时间、频度的效果→MP化、技术表单化 ④目视管理──────── 用目视化、色彩化掌握效果
小组会议	1) 清扫点检的效率化──┬── 与前一步骤相同 2)「润滑」的总点检　　└── ※由设备科指导将保全业务与现场作暂定责任分担
再发防止	①润滑系统图的绘制，并根据润滑点标准进行实务训练 ②确认润滑点检技能（认识度测验) ③自主保全暂定标准书的制作（步骤2暂定标准书的进化物+润滑技术) ④在自主保全暂定标准书中插入管理重点的预防异常暂定规则 ⑤根据自主保全暂定标准书展开实务训练 ⑥整理转到步骤4的课题──须进一步改善的内容 ⑦自主诊断的实施→阶段暂定诊断→阶段正式诊断
进入 步骤4	所有设备的暂定诊断 ────┐ 以小组为单位的正式诊断 ──┴── 合格后进入下一步骤

图 6-11　步骤 3 推行的标准流程

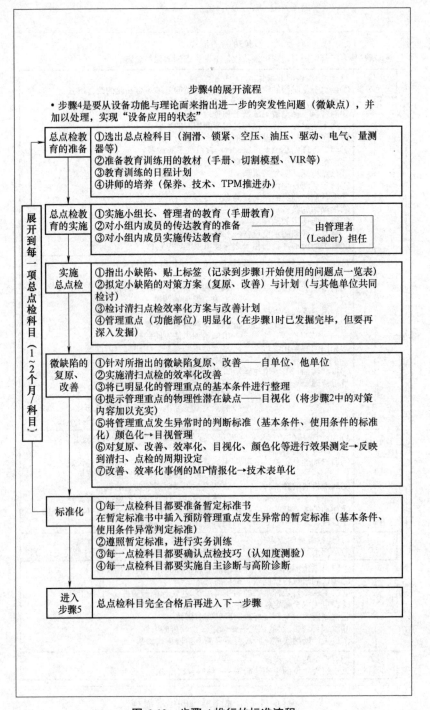

步骤4的展开流程

- 步骤4是要从设备功能与理论面来指出进一步的突发性问题（微缺点），并加以处理，实现"设备应用的状态"

展开到每一项总点检科目（1～2个月/科目）

| 总点检教育的准备 | ①选出总点检科目（润滑、锁紧、空压、油压、驱动、电气、量测器等）
②准备教育训练用的教材（手册、切割模型、VIR等）
③教育训练的日程计划
④讲师的培养（保养、技术、TPM推进办） |

| 总点检教育的实施 | ①实施小组长、管理者的教育（手册教育）
②对小组内成员的传达教育的准备 —— 由管理者
③对小组内成员实施传达教育 —— (Leader)担任 |

| 实施总点检 | ①指出小缺陷、贴上标签（记录到步骤1开始使用的问题点一览表）
②拟定小缺陷的对策方案（复原、改善）与计划（与其他单位共同检讨）
③检讨清扫点检效率化方案与改善计划
④管理重点（功能部位）明显化（在步骤1时已发掘完毕，但要再深入发掘） |

| 微缺陷的复原、改善 | ①针对所指出的微缺陷复原、改善——自单位、他单位
②实施清扫点检的效率化改善
③将已明显化的管理重点的基本条件进行整理
④提示管理重点的物理性潜在缺点——目视化（将步骤2中的对策内容加以充实）
⑤将管理重点发生异常时的判断标准（基本条件、使用条件的标准化）颜色化→目视管理
⑥对复原、改善、效率化、目视化、颜色化等进行效果测定→反映到清扫、点检的周期设定
⑦改善、效率化事例的MP情报化→技术表单化 |

| 标准化 | ①每一点检科目都要准备暂定标准书
在暂定标准书中插入预防管理重点发生异常的暂定标准（基本条件、使用条件异常判定标准）
②遵照暂定标准，进行实务训练
③每一点检科目都要确认点检技巧（认知度测验）
④每一点检科目都要实施自主诊断与高阶诊断 |

| 进入步骤5 | 总点检科目完全合格后再进入下一步骤 |

图6-12 步骤4推行的标准流程

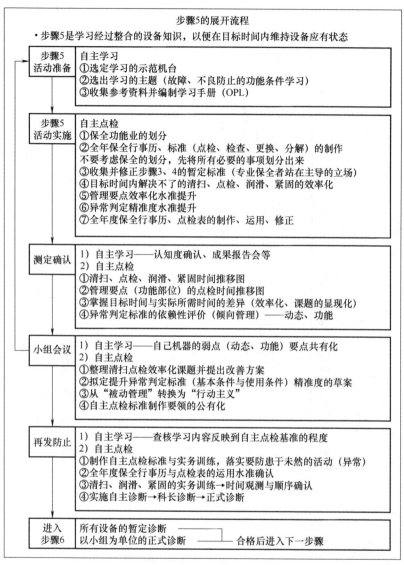

图 6-13　步骤 5 推行的标准流程

6.4　自主保全各步骤的诊断

TPM 推行得好坏需要一个统一的评价标准，本节汇总了 7 个步骤所有的评价方法，关于各步骤的项目仅供参考，需要根据企业的情况进行调整，才能更好地发挥诊断的效果。日本企业的标准推行方法是进入下一步骤前，对前一步骤进行诊断，直至合格。

各步骤合格的判断标准如下：

1）任何步骤的标准分数如果为 0，则表示不合格。

2）对步骤 1，最少 6 项标准需要达到 2 分，见表 6-22。

表 6-22　步骤 1 初期清扫（清扫点检）

科/组/工程			诊断者	被诊断者			诊断日			
步骤	标准	No.	评价方法	评价分数	2- 按照基准实施 1- 实施内容不足 0- 未实施	评价分数 1 分 以下的对策内容	担当者	实施日		
步骤 1 清扫点检	根据点检表，对现有设备进行点检和记录	1	为每个设备编成点检表，确认是否有可靠的点检实施记录	2	1	复查	/	/		
	记录清扫点检发现的缺陷项	2	确认是否将发现的缺陷项记录在缺陷一览表中 ※ 记录方法采用纸质文档记录或计算机记录均可	2	1	复查				
	记录挖掘出来的清扫困难点	3	确认缺陷的记录 难点的记录 ※ 记录方法采用纸质文档记录或计算机记录均可	2	1	复查				
	将可以自行完成的缺陷项的修复记录下来	4	确认缺陷项的修复记录 ※ 记录方法采用纸质文档记录或计算机记录均可	2	1	复查				

（续）

步骤	标准	No.	评价方法	评价分数	2-按照基准实施 1-实施内容不足 0-未实施	评价分数1分以下的对策内容	担当者	实施日
							/	/
	无法自行完成的缺陷修复，记录向相关部门的请求	5	确认是否将向相关部门提出请求的缺陷记入缺陷一览表中 ※通过保全的资料库、电子邮件、复印的缺陷标签等来确认也是可以的 ※记录方法采用纸质文档记录或计算机记录均可	2	1　0	复查		
	设备的 OEE 数据有每日管理	6	确认设备稼动率、停线时间等是否现场可视化 ※记录方法采用纸质文档记录或计算机记录均可	2	1　0	复查		
	班长及所有作业者都参与自主保全	7	确认组员是否明确自主保全的责任划分 ※记录方法采用纸质文档记录或计算机记录均可	2	1　0	复查		
步骤1 清扫点检	清扫点检作业的必要工具及清扫道具的 5S 状态良好	8	确认必要的工具是否齐备且进行了整理整顿，放置的位置是否确定 ※记录方法采用纸质文档记录或计算机记录均可	2	1　0	复查		
	安全第一	9	确认设备是否实施风险评估以降低灾害损失，确认清扫点检作业时是否遵守了规定，实施时候间的安全规定及实施时采用纸质文档记录或计算机记录均可	2	1　0	复查		

3）对步骤 2，最少 6 项标准需要达到 2 分，见表 6-23。

表 6-23　步骤 2 发生源、困难点对策

科/组/工程	/	/	诊断者	被诊断者			诊断日		担当者	实施日
								/	/	/
步骤	标准	No.	评价方法	评价分数	2- 按照基准实施 1- 实施内容不足 0- 未实施		评价分数 1 分 以下的对策内容			
步骤 2 发生源、困难点对策	对点检困难点，经常清扫的点做改善	10	确认缺陷一览表中是否对点检、修复、清扫困难点的挖掘及对策进行了记录	2	1	0	复查			/
	在实施长期对策前，实施临时对策	11	确认临时对策内容是否做了标准化 （标准作业书、一元表、点检基准书、点检表等）	2	1	0	复查			/
	缺陷从发现到对策结束整体可视化	12	在管理看板或计算机的记录上确认缺陷从发现到对策完成是否可视化管理、或在现场确认对策内容	2	1	0	复查			/
	活用 "WHY-WHY"	13	确认对于对策无效的，再发的、原因未定的缺陷，是否使用了 "WHY-WHY" 分析	2	1	0	复查			/
	压力、数量之类的目视确认的点检，判断基准值可视化	14	确认仪表实施了颜色区分（绿色 - 基准内，黄色 - 润滑、红色 - 设备停止后处理），且全部在标准范围内	2	1	0	复查			/

（续）

步骤	标准	No.	评价方法	评价分数	2-按照基准实施 1-实施内容不足 0-未实施	评价分数 1 分以下的对策内容	担当者	实施日
步骤 2 发生源、困难点对策	设法使点检作业更容易做	15	在设备上标示检点、点检的顺序，标示空气、压缩空气的流向，冷却风机出口添加风车（判断是否有风）	2	1　0	复查		/
	设备经常清扫，保持清洁状态	16	确认加工点、周边、机器的操作盘、过程监控生产管理系统的计算机之类是否脏污，灯泡是否损坏	2	1　0	复查		/
	设备运行停止按 6 种重大损失分层※ 按照职能种类特有的层别来区分也可以	17	确认是否层别区分管理设备运行数据	2	1　0	复查		/
	与相关部门共同定期开展会议并提升 OEE 的对策	18	确认为了达成目标、定期开展会议并分享进度情况	2	1　0	复查		/

203

4）对步骤 3，最少 3 项标准需要达到 2 分，见表 6-24。

表 6-24　步骤 3 制作自主保全暂定标准

科 / 组 / 工程	/	/	诊断者	被诊断者			诊断日	评价分数 1 分		担当者	实施日
步骤	标准	No.	评价方法	评价分数	2- 按照基准实施 1- 实施内容不足 0- 未实施			以下的对策内容		/	/
步骤 3 自主保全标准书的编制与修订	设备的基本条件、判定基准、点检周期的设定及修订	19	确认是否编制并修订自主保全标准书、点检表	2	1	0	复查			/
	根据自主保全点检表设定有实施计划	20	确认是否在本月底前设定了下月的自主保全实施计划	2	1	0	复查			/
	使用"培训方法的 3 阶段"实施教育培训（编制新标准时、修订标准时、新人）	21	确认是否对部下进行了新标准、修订的自主保全标准书、点检表、标准表、一览表的全部培训	2	1	0	复查			/
		22	通过作业观察记录等确认培训后的作业是否正确完成	2	1	0	复查			/
	实施提升 OEE 相关的改善	23	确认理解改善前、后的过程及效果	2	1	0	复查			/

5）对步骤 4，最少 4 项标准需要达到 2 分，见表 6-25。

表 6-25　步骤 4　总点检教育

科/组/工程		标准	No.	评价方法	评价分数	2-按照基准实施 1-实施内容不足 0-未实施	评价分数 1 分以下的对策内容	担当者	实施日
	步骤	/		诊断者 / 被诊断者			诊断日 /	/	/
步骤 4 总点检教育		作为培训下属的教材，工段长事先准备了总点检表、课本、图样、模型等	24	确认总点检表包括机械元件、润滑油、压缩空气、电气、安全装置，并准备培训这些必要的教材	2	1	复查		
		班长以点检基准书、标准作业书、一览表为基础，按照部下进行培训，并留下培训记录	25	已编制 OJT 及 OFF-JT 的培训履历表，作为确认能力和知识理解度的证据	2	1	复查		
		班长对从保全学到的内容及步骤 3 前的设备的每项管理进行管理。此外，还计划对步骤 4～步骤 7 进行教育	26	考虑到实施自主保全（设备制作、自主保全计划的编制、高效地使用设备）所必要的技能，掌握多技能这也列入 ILU 表的希望达到的状态。另外，确认步骤 1～步骤 7 的教育计划的管理状况	2	1	复查		
		班长将作业中发现的不一致总点检内容汇总到不一致表中	27	确认用 5W2H 的方法编制不一致项目一览表	2	1	复查		
		班长从保全中学习异常发现时的恢复及改善	28	在接受保全培训后，通过对能力评价及指导员的确认判断班长及指导员的是否合格，理解度也包含安全理解度	2	1	复查		
		自主保全的作业实施	29	根据标准，班长及系长最少一个月进行一次自主保全活动的作业观察	2	1	复查		

6) 对步骤 5，最少 5 项标准需要达到 2 分，见表 6-26。

表 6-26 步骤 5 自主点检

科/组/工程 /	步骤	标准 /	No.	诊断者 被诊断者 评价方法	评价分数	2-按照基准实施 1-实施内容不足 0-未实施	诊断日 评价分数 1 分 以下的对策内容	担当者 /	实施日 /
	步骤 5 自主点检	作业者解决通过总点检表发现的缺陷的恢复及改善，并与日常点检联系起来	30	现场确认恢复、改善的实施情况。确认是否将改善后的（再发）防止应用于日常点检，达到最新的状态。此外，编制自主保全以及以维修申请单为基础实施的修复相关的报告书	2	1	复查		
		将设备的故障、短停的一致内容、停止时间、次数（件数）根据要因分类、划分责任、改善计划可视化	31	确认管理看板和 QC 报告书。损失分析是最近的，对造成的各种损失进行分析（"WHY-WHY" 分析、QC 活动、长停分析等），对于再发缺陷也进行同样的分析	2	1	复查		
		改善——确认短停的改善效果	32	在按照改善计划表实施改善、发生迟延的情况、确认是否制定了挽回计划	2	1	复查		
		改善后的内容在自主保全点检基准书中追加、修订、汇总，并应用于日常点检表中	33	确认自主保全点检基准书处于最新的状态。确认修订点是可以说明的	2	1	复查		

（续）

步骤	标准	No.	评价方法	评价分数	2- 按照基准实施 1- 实施内容不足 0- 未实施	评价分数1分 以下的对策内容	担当者	实施日
	修订点检时间，点检周期，使点检作业效率化	34	进行修订，通过自主保全点检基准书，日常点检时间确认周期延长，点检时间缩短等情况	2	1	复查		
	对于无法通过自主点检解决的问题，采取单独的改善，使损失降低	35	确认不一致项目一览表，确认单独改善的解决情况	2	1	复查		
步骤5 自主点检	实施保全训练，传授预防保全活动及修复技能，确认成员能正确掌握技能	36	从保全到制造过渡的预防，改良保全业务的清单，由保全和制造共同编制制定计划，业务中有些内容从保全转交给制造，必要的训练和标准的教育已经实施完成	2	1	复查		

207

7）对步骤 6，最少 3 项标准需要达到 2 分，见表 6-27。

表 6-27　步骤 6 标准化

科/组/工程		诊断者		被诊断者			诊断日		担当者	实施日
步骤	标准	No.	评价方法	评价分数	2- 按照基准实施 1- 实施内容不足 0- 未实施	评价分数 1 分 以下的对策内容				
步骤 6 标准化（整 理整顿）	已正确编制改善项目表，应管理其水平以水平展开并成为下期改善的模板	37	对于所有的改善，确认是否编制了改善表。可以确认改善内容是否满足"现象、原因、对策、效果" 根据改善内容，班长和系长对相关部门进行共享	2	1	复查				
	为实施自主保全，完成设备停机的准备	38	安全防护设备、使用的工具、资料（标准作业书等），要更换的部件、作业任务的分配等已经准备、确认设备停止的准备已经完成	2	1	复查				
	已经完成了损失分析，并随之进行步骤、调整、型号更换、工具更换、新模型等损失改善、追求标准化（变更次数、库存量等）	39	可以确认损失相关与设备相关的业务全部清单化，并正式定义为标准。此外，对于这些改善活动在过去 6 个月内车间实行（Jean 的提案）	2	1	复查				
	自主保全活动中如果发生了 4M 变更、修订标准作业书、自主保全点检标准书、日常点检表	40	新账票在上次的变更中得到修订，确认它处于最新的状态	2	1	复查				

8）对步骤 7，最少 3 项标准需要达到 2 分，见表 6-28。

表 6-28　步骤 7 自主管理

科/组/工程	/	/	诊断者	被诊断者		诊断日	评价分数 1 分以下的对策内容	/	担当者	/	实施日
步骤	标准	No.	评价方法	评价分数	2-按照基准实施 1-实施内容不足 0-未实施						
步骤 7 自主管理	有能力发现所有的异常	41	通过设备的振动、声音、热量、磨损等发现异常，通过确认设备停止状态发现缺陷	2	1	0	复查				
	几乎可以对应所有的异常恢复处理	42	可以尽快自行修复发现的异常。可以与领导、保全部门联系处理异常	2	1	0	复查				
	具备条件设定能力	43	可以定量确定在设备管理中判断重要的部分是正常或异常的基准	2	1	0	复查				
	具备设备的维护管理能力	44	可以实施重要部位的清扫、润滑，可以设定各项设备管理的关键点，编制判定标准	2	1	0	复查				
	具备设备的改善能力	45	理解设备的构造、机能，可以通过对各项机能的维护及改善，延长设备的寿命。作业者可以自行编制新的一览表。此外，可以大体说明所属车间的损失分析相关的活动计划	2	1	0	复查				

6.5 自主保全推行的 16 大要点

为了方便读者学习，本书在 TPM 推行的 50 法则基础上，提炼出对自主保全推行重要的 16 大要点。

要点 1： 创造舒适的工作场所。

我们一天中有超过三分之一的时间在工作。工作场所是否是一个舒适的工作环境？在设备方面，我们常被"设备经常出故障""停机次数多，恢复需要时间""故障频发，工作经常延误"等设备不稳定抱怨声所困扰。

在工作环境方面，你是否在不安全的工作场所遇到麻烦？例如，"油或粉末撒在地板上，可能使人滑倒"或"当感觉自己的手快要被夹在设备里面时感到害怕"。对于从事制造工作的人来说，改善制造设备和环境也是我们的工作，通过员工自己的努力创造出一个舒适的工作场所。工作现场改善过程如图 6-14 所示。

要点 2： 提高所有参与者的能力与意愿，每个人都在团队合作中发挥作用。

工作难的问题在于工作本身。这些问题被日常工作所淹没，并且在日常工作中往往被忽视。比如日常巡查工作的难点，如果不审视工作本身，就无法体现出来。需要我们在实际工作中主动解决问题。最重要的是，我必须是最高兴我的工作场所有所改善的人。"为自己着想，推进活动"的主人公意识创造了活动的扩展性。

每个人都应在自己的工作岗位找出问题进行改善，并参与到这个活动中来，而不是只有几个人的活动，这种每个人都在团队中发挥作用的全员参与的意识是 TPM 推行成功的保证。

所有员工的参与对于公司的持续繁荣至关重要。首先，作为操作人员的职责，最重要的是确保制造时必须遵守的规定得到遵守。此外，经理和主管必须检查这些应遵守的事项是否得到遵守，提供指导和帮助，并确保在工作场所贯彻执行。每个人都有分工，从最高层到每个工作场所的每个员工都需要参加活动，以实现改进活动和自我管理系统，从而加强维护构成和改进构成，最终实现"真正可改进的企业结构"。

要想营造一个人人参与的状态，要有"不怕失败的环境"和"成功的经历"，才能激发自我（愿意做某事）。如果参与者缺层级，无论是操作人员缺失和还是管理者缺失或者高层缺失，都不会取得很好的成功，每个人都要从内心开始改变。

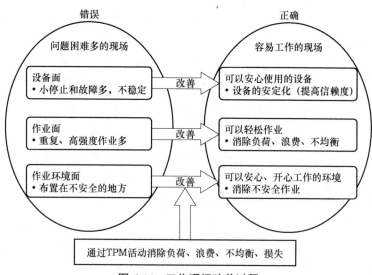

图 6-14　工作现场改善过程

要点 3：　通过小组活动打造充满活力的工作场所。

小组活动一般是指以工作场所一线成员的小组为基础，全员参与、自我管理的工作场所改善活动。TPM 中组织了层层架构的小组，以便在从高层到第一线的所有人的参与下，为每个级别开展小组活动。图 6-15 所示为小组结构示例。

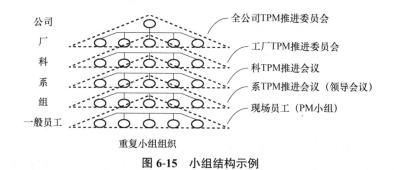

图 6-15　小组结构示例

要点 4：　初期清扫的实践。

1）初期清扫的观点。和一般的清扫相同，实际上初期清扫也是拿着抹布开始设备的清扫。

清扫即是点检，点检即是问题点的发现，这就是初期清扫的基本的观点。

2）初期清扫的重点。进行初期清扫时，设备的各个角落全部是用手触摸、用眼看的，因此，对于设备的微缺陷或者异常，操作人员可以利用自身的五感来获得，并尝试摘出设备的潜在问题点。在摘出的同时进行"通过什么、哪里、什么问题引起的推究"很重要。

3）清扫点检哪里比较好？初期清扫，说起来就是设备的健康诊断。既然是设备诊断，则不仅仅是设备的外部，内部的各个角落也要进行清扫点检。

4）清扫了但找不出问题。尝试了初期清扫但没找出问题点的情况一直存在。这是因为抱有"看一次就可以"的想法，其大多数的情况只是表面上的清扫。如果那样的话，请在设备运转的情况下进行初期清扫。设备停止时，清扫不能了解振动、异音、发热等问题点。在运转部件的地方作业时，千万要注意安全！

要点5： 到现场，不要在办公桌上思考。

三现主义是一种强调"三个呈现（现场、现物、现实）"的思维方式。如果不践行三现主义，即看缺陷发生的过程（现场）、看缺陷发生的部位（现物）、看缺陷发生的现象（现实），就无法找到正确的原因，无法判断。

要点6： 清扫是一种点检——了解设备结构的第一步。

清扫不仅仅是为了使设备干净，而是试图通过触摸设备的每个角落来彻底清除旋转和滑动部件上的灰尘和污垢。也就是说，通过视觉、听觉、触觉、味觉来发现微小的缺陷。

通过清扫，我们将了解设备的机械原理和结构，培养将清扫过程视为寻找缺陷的眼睛。换句话说，"通过清扫点检""通过点检发现缺陷""修复/改善缺陷""通过修复/改善获得结果""通过结果获得成就感"。

"清扫就是点检"的实践要点如下：

1）彻底清除多年的污垢。

2）打开设备机身的盖子和盖子，清扫每个角落。

3）清扫运输设备、操作面板等附带设备。

4）确定污垢来源和难以清扫的区域。

要点7： 切断造成"不良"的原因——保持设备无故障（见图6-16）

即使尽最大努力清扫，如果不对灰尘和污垢的来源采取措施，它最终也会恢复到原来的状态。因此需要针对发生源和困难点采取措施。

清扫不仅是为了干净，更重要的是通过清扫"发现缺陷"。此外，不要在弄脏后进行清扫，而应该想办法维持干净整洁。通过切断灰尘和污垢的来源，改善清扫、点检、润滑等困难地方，就可以使任何人在给定的目标时间内轻松、安全地完成清扫、点检和润滑等设备维护工作。如果不这样做，将无法维护好自己的设备。

有这样一个案例：某个工厂包括过道都被打扫得很干净，但他们的清扫是外包的，没有从设备本身来清扫，也没有针对发生源和困难点采取措施，这样的清扫是没有价值的。

为使设备保持应有的状态，需要进行清扫、点检、润滑、紧固等工作，保持设备的基本状况完好，但如果这种维护过程"困难"或"需要大量时间"，则维护（保全）活动不会持续很长时间，要想长久，必须从源头进行改善。

改善的基础不是因为脏了就"对现象（结果）采取行动"，而是"对源头采取行动，防止再次发生"，即必须要思考："为什么变脏和哪里变脏？"

图 6-16 所示为针对发生源和困难点采取措施的插图。

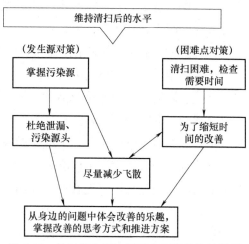

图 6-16　针对发生源和困难点采取措施的插图

要点 8： 从设备强制劣化到自然劣化（见图 6-17）。

设备老化的速度因维护方式而异。设备用户有责任将其使用至使用寿命结束。设备报废是由于设备本身或功能的损坏。即使小心处理，设备也会老化。在正确的操作下，随着时间的推移，设备物理上的损伤被称为自然劣化。

异常劣化是因未能正确操作和基本维护保养不到位而引起的设备的迅速损伤。例如，在不进行润滑的情况下，设备可能因摩擦阻力大

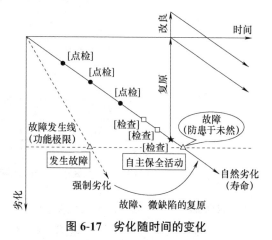

图 6-17　劣化随时间的变化

而发生故障，也可能因在超过运行条件的高温环境和有细小灰尘和污垢的环境中运行而发生故障。

劣化（纵轴）随着时间（横轴）的推移而进展。即使在自然劣化的状态下，也不可避免地会因为设备的应力而导致强度下降，如果任其劣化，就会达到功能极限（线），再经过一段时间就会发生故障。当这成为强制劣化的状态时，劣化的进展可能比自然劣化更快或突然改变。如果发生这种情况，将类似于"我前几天刚换了一个新的，但它又坏了"。

因此，为了使设备不进入自然劣化状态，保持基本条件（清洁、润滑、紧固）很重要。这也为将来在时机成熟时恢复的定期维护以及对劣化状态进行测量和维持的预测/预防奠定了基础。

要点9： 通过自主保全使操作人员不断成长。

自主保全是操作设备的人为了最大限度地提高生产系统的效率，自主进行清扫、点检、润滑、紧固等保全活动。如果操作人员能够通过消除设备的强制劣化和改善活动来彻底消除妨碍生产率的故障、停机、缺陷等，从而恢复、维护和改进设备，那么他也将成长为一个最懂设备的人。

要成为一个设备强（工作能力强）的人，就必须熟悉设备的结构和功能，掌握保全技能。但是，不可能在短时间内成为设备强的人。因此，我们要稳步取得成果，一步一个脚印地前进。

这样，自主保全的阶梯式发展，就是"人与设备提升"同步推进的过程。

自主保全的 7 个步骤和设备变强的 4 个阶段如图 6-18 所示。

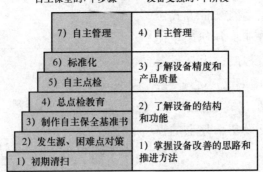

图 6-18　自主保全的 7 个步骤和设备变强的 4 个阶段

要点10： 解决"看不见的缺陷"。

如果仅解决标签中可见的缺陷，则故障和质量缺陷不会消失。

随着问题不断被解决，缺陷的数量将减少。但是你知道有"看不见的故障"吗？事实上，隐藏和看不见的缺陷是"坏"的根源。让我们将不可见的缺陷添加到标签中。

有时，即使不断解决标签中的问题，故障也不会减少。例如，发现 V 带磨损后进行更换，但还没到其使用寿命就又磨损严重，那么出现这种情况肯定是有原因的。这说明存在看不见的缺陷（也称为潜在缺陷）。

泄漏、污垢、磨损和松动都有来源，它可能位于难以找到或注意到的地方。

因此我们要进行以下 3 个步骤：

1）给潜在缺陷挂上一个标签。

2）找出潜在缺陷的源头。

3）找出潜在缺陷发生的原因。

要点 11： 从现场和实际产品中把握事实。

问题的解决和改善从现场和产品的实际情况开始。

1）抛弃成见，尊重现实（事实）。工作场所的问题，是应有状态与现实（事实）之间的差距。改善是为了填补人、机、料、法、环方面的空白。正确把握现实（事实）是改善的第一步。

在试图解决一个问题时，如果不了解事实，带着猜测和偏见采取措施，结果也不会好。尤其是那些有过成功经验的人，可能会落入重蹈覆辙的陷阱。

2）不使用判断性的词语。不要用判断性的词语作为传达你掌握的事实的要点。例如，如果使用"不好""错误"或"无法做到"等词语，并不会传达事实，而且更容易让士气低落。所以，请小心，当不确定事实时，尽量不要使用这些判断性词语。

3）客观地观察事实。在提取数据理解事实时，人们往往会考虑对自己有利的部分。如果你能摒弃成见，在现场和现实中观察现物（事实），那么你会发现，改善没有那么困难，也更容易获得团队的支持。

要点 12： "ECRS"原则。

ECRS 是 Eliminate（消除）、Combine（合并）、Rearrange（替换）、Simplify（简化）的英文首字母缩写，用来表示以工序、作业、动作为对象的改善思路。

改善是调查现状，调查分析问题的原因，然后制定并实施对策方案。

1）E：消除。

• 我们能消除根本原因吗？

• 是什么导致了这种情况？这是否合乎公司规定？

• 我们可以做一个简单的自动化新工艺吗？

2）C：合并。

• 我们能把这一步和其他步骤合并吗?

• 其他人能够做吗?

• 一个人能够做到这两步吗?

3) R: 替换。

我们可以重新安排流程步骤吗?

• 我们可以重新安排工艺流程吗?

• 我们可以重新安排培训吗?

• 我们可以重新考虑监控点吗?

• 还有其他办法吗?

4) S: 简化。

• 我们为什么需要这些信息?

• 大多数情况下需要什么?

• 一个外行会怎么看呢?

• 是不是所有的"如果"和"但是"都在发生?

• 你知道这个过程的目的吗?

• 其他人是如何做到的?

要点 13: 从故障中学习并防止再次发生。

虽然设备发生故障停止后立即恢复非常重要,但是,如果不追根究底,只靠应急措施,故障一定会再次发生。

当设备(零件)失效或对其施加超过强度极限的应力时,就会发生故障,尤其是由于疏于维护基本条件时。

作为生产现场的指标,设备综合效率很重要,所以当发生"故障停止"和"减速"损失时,设备工程师要在尽可能短的时间内把它修复、运转起来。

如果不能从失败的事实中找出真正的原因,即看不到故障的过程和本质,即使设备以故障的形式发出了信号,也只能看到现象的表面。

因此,重要的是看到失败(实际/现象)并从中吸取教训。首先,要做3件事:

1) 调查发生的地点和发生的事情,以及眼睛和图纸可以追踪的任何地方。

2) 当你到现场时,进行"WHY"和"WHY-WHY"分析,并提出防止再次发生的措施,一直持续到问题不再出现。

3) 进行正确的分析,找出根本原因,找出对策并加以改善。

要点 14: 不断"WHY",直到找出根本原因。

WHY-WHY 分析是一种分析方法,它关注故障发生的现场情况和当时设备的状态，该分析方法用于追寻问题为什么发生。我们将一个个追问"为什么"来挖掘根本原因，而不是仅仅通过经验或头脑风暴（以免遗漏）。

与其他方法相比，WHY-WHY 分析不需要太多深入的理论或知识，任何人都可以相对容易地进行，因为它可以根据三现原则（现场、现物、现实）从观察事实入手。此外，由于工作场所的每个人都可以畅所欲言，因此 WHY-WHY 分析具有能够获得多面性的特点。图 6-19 所示为 WHY-WHY 分析示例。

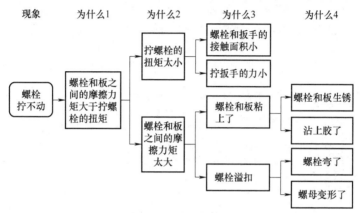

图 6-19　WHY-WHY 分析示例

要点 15：　了解原理，不要猜测！

原理是"原始理论"，换句话说，是"如何达成目标的基本原理"。例如，当加工中的主轴旋转或加工单元的加工速度发生变化时，应了解加工后工件的外径和表面粗糙度等如何变化。通过了解这一点，可以设置同时保证精度和生产率（速度）的最佳条件。

在这里，我们以"手电筒亮起"为例，通俗易懂地解释一下。

手电筒的点亮原理是：电流通过电阻丝产生发热现象，当温度升高到 1000℃以上时，它就会发光。

其原则，也就是灯亮的条件是：

1）电池有一定的电。

2）电池与电阻丝有足够的接触（电路不坏）。

3）灯不烧坏。

查明真正原因，通过考虑原理、原则来解决问题，可以消除通过自己臆想做出的判断。这与 PM 分析现象的物理解析、根据 WHY-WHY 分析的原理 / 原则解决的最初的"为什么"有关。通过追寻真正的原因，再一步实现故障、不良等的零损失。表 6-29 为加工示例及其原理、原则。

表 6-29   加工示例及其原理、原则

加工方式示意	原理	原则
车削 卡盘 工件 车刀	在车床上利用工件的旋转运动和刀具的直线运动或曲线运动来改变毛坯的形状和尺寸，把它加工成符合图样要求的形状、尺寸	① 工件按照规定的转数旋转 ② 车刀进行直线运动 ③ 工件中心和车刀刀尖的高度相同
开孔 钻头 槽 工件	一边旋转钻头，一边进给，钻头前端嵌入工件，进行钻削加工，开槽。另外，沿着钻头外围，以加工过的孔的侧面为引导，钻头直线行进	① 钻头按照规定的转数旋转，没有旋转不均、振动 ② 钻头左右的切刀同一尺寸、形状（切刀的长度以及角度） ③ 主轴是直线运动
电弧焊 电极 电弧 基焊材	在惰性气体的保护中，基焊材和电极之间形成电弧，电弧热将基焊材熔化后实现焊接	① 焊接中电流值不变 ② 电极和基焊材之间的距离是一定的 ③ 相对于焊接排行方向，电极要按照规定的进入角度

要点 16： 创造一种不会导致缺陷的机制。

零缺陷是制造的理想。拥有一个能够"不产生缺陷"的持续维护的系统非常重要。

"在过程中创造质量"是指在制造过程中设置和管理不会导致缺陷的条件。条件有 4 个 M："Man（人）""Machine（机）""Material（料）"和"Method（法）"。如果"设备"得到稳定的维护和管理，质量变化可以最小化。

虽然制造过程越来越自动化、无人化，生产主体正在从"人"转向"设备"，但在实际生产现场，仍不可避免地有人的参与以及各种调整和措施的增加，如果什么都不做，就很难设置和管理不会导致零缺陷的条件。

创建零缺陷的系统，需要用检查条件的原因系统的管理来代替结果系统（产

品）的管理。换言之，就是建立"管理 4M，创造质量"的体系。

为了维护这个系统，"异常检测、治疗/恢复、条件设定和维护"这 4 种能力是必不可少的。

不产生缺陷的设备并不意味着昂贵的设备或最先进的设备。人为干预可以最大限度地提高任何设施的能力。"零缺陷"的捷径是掌握 4 种能力，设定不造成缺陷的条件，建立系统来实现维护。

6.6　某钢铁企业的设备管理实用方法案例

本节内容参考了张孝桐老师的《设备点检手册》，在其基础上进行了适当的调整。

6.6.1　编制设备维修中用到的 4 大标准方法与通用设备管理内容

1）编制"维修技术标准"的方法。包括：编写的目的，标准的分类，编写的依据，编写的要求，编写、审批分工。

2）编制"点检技术标准"的方法。包括：点检技术标准的分类，编制点检技术标准的依据，编制点检技术标准时要注意点问题，点检项次中要注意点问题。

3）编制"润滑作业标准"的方法。包括：编写的依据，润滑作业标准的主要内容，润滑方式的种类，油品品质化验（检查）周期，润滑工作分工，油脂标准的编写、审批分工。

4）编制"维修作业标准"的方法。包括：编制的目的，编制的范围、依据，编制的要素，编制的实例。

5）技术文件的制定、修订管理。

6）规程的制定分工，规程的审批分工，设备技术通知单的制定、修订要点，技术资料和文档的管理要点。

7）软件备份及管理。包括：需要备份的系统，备份作业的分工，一级备份的管理要点，二级备份的管理要点，备份的保管和使用要点。

6.6.2　设备点检与检修的作业内容

1）点检管理的要素与分类。

2）区域划分及业务流程。包括：划分的原则，设备与产品作业分工原则、界面，点检员日工作流程，点检员业务全流程。

3）编制点检计划的方法。包括：编写的原则，点检计划的分类，点检计划的编制要点，短周期点检计划的编制要点，长周期点检计划的编制要点，信息系统中点检计划的编制要点。

4）点检路线的编制与调整。包括：编制的目的，编制的原则，编制的具体要求，点检线路图的编写、审批分工，编写样张。

5）点检实施的标准化作业。

① 点检完成率的跟踪。

② 点检标准化作业的意义，专职点检员工作日的工作时间分配，专职点检员工作日的正常作业内容，专职点检员上岗点检规定，专职点检员点检实施要点，专职点检员点检实施的关联业务，专职点检员点检台账管理要点。

6）倾向管理。包括：倾向管理的定义，倾向管理的内容，倾向管理的实施步骤，倾向管理的示例。

7）设备劣化及其预防对策。包括：设备劣化的定义，设备劣化管理的意义，设备劣化的分类，设备的有形劣化，设备的无形劣化，设备劣化的表现形式，设备劣化的原因分析，设备劣化的预防对策。

8）点检项目的调整。包括：点检项目调整的目的，点检项目调整的实施要点。

9）设备的故障（事故）处理流程步骤。

10）故障（事故）分析与改进。包括：故障分析单原则，故障（事故）分析的组织，故障（事故）分析依据，故障（事故）分析方法，故障管理要点。

11）故障（事故）台账记录。包括：故障（事故）台账登录要点，事故报告书编写要点，故障（事故）编写要点，故障（事故）纠正措施的落实要点，事故纠正措施落实情况的验证要点，事故分级管理要点。

12）故障（事故）统计的内容，故障（事故）原因归类，故障（事故）专业归类。

6.6.3 设备的检修、抢修工程

1）与检修相关的管理文件。包括：编制的目的，点检员应知的相关管理文件。

2）检修工程管理概述。包括：检修工程管理的定义，检修工程的分类。

3）工程计划委托与接受。

① 项目点来源，项目立项应具备的条件，检修项目立项原则，定修项目委托流程，定修项目委托时间的要求，年修项目立项流程，年修项目委托时间的要

求，日修项目立项流程，日修项目委托时间的要求，抢修项目委托的要求，工程委托单编写要求，委托单填写要素，委托单委托的具体时间节点。

② 前期准备目的，现场说明关键，前期 8 大准备，检修平衡会，检修平衡会应协调的问题。

4）检修项目点实施。包括：编写的目的，实施过程管理职责，三方确认挂牌，工程管理实施要点，检修质量管理，现场标准化管理，检修技术标准。

5）检修完工确认及验收，设备试车调试，项目竣工验收。

6）检修安全标准化管理。包括：编写的目的，安全体制的建立，检修安全教育，主体检修单位安全教育，协力检修安全教育，安全技术交底，高危项目管理要求，安全联络挂牌，安全巡视及会议。

7）检修实绩管理。包括：实绩数据管理目的，检修实绩来源，检修实绩记录，制订年修评价标准，计划时间误差率，检修计划项目完成率，检修负荷误差率，项目周期的优化目的，项目周期的优化方式，项目周期的优化流程，检修组织及检修质量异议处理。

6.6.4 设备备件管理

1）备件基础管理。包括：备件分类，物料代码，定额编制方法，备件测绘要点。

2）备件申请管理。包括：备件的申请方法，申报注意事项，年修跟踪要点，备件到货确认。

3）备件出库。包括：备件的使用操作，备件出库记录，以旧换新，备件修复，质量异议处理。

4）备件库存。包括：机旁备件，安全库存，呆滞报废备件，下机后去向跟踪。

5）备件实绩及改进。包括：运行信息收集，资金跟踪统计。

6.6.5 机械部分各项目的点检要点

1）机械测量。包括：通用测量要点，标准外径千分尺，游标卡尺，百分表，框式水平仪，三坐标激光动态跟踪仪。

2）螺栓连接。包括：螺栓松动的危害，螺栓点检要点，螺栓安装要点，螺栓紧固要点。

3）联轴器。包括：联轴器的分类，联轴器点检要点，联轴器对中要点，联轴器装配要点，高速旋转机。

4）机械上的联轴器装配要点。

5）滚动轴承。包括：滚动轴承维护常用工具，滚动轴承使用要点，滚动轴承安装要点，滚动轴承维护要点。

6）滑动轴承。包括：滑动轴承的装配，装配间隙的测量，滑动轴承装配要点，滑动轴承使用注意事项。

7）油膜轴承。包括：油膜轴承常见的故障及对策。

8）设备润滑。包括：润滑油日常点检，稀油润滑系统日常维护要点，脂润滑系统日常维护要点，润滑泵站日常维护要点，液位计日常维护要点，净油装置日常维护要点，轴承润滑日常维护要点，链条和钢丝绳润滑日常维护要点，润滑系统调试步骤。

9）减速器。包括：减速器的常见分类，减速器的基本结构，减速器的点检要点，齿轮副的安装要求，齿轮接触斑点的检查方法，齿侧间隙要求，齿侧间隙的检查方法，减速器的安装及调整要点，偏心套的应用，典型齿轮的磨损和损伤。

10）起重机械。包括：钢丝绳标记方法，钢丝绳捻制方向的判断，钢丝绳的选型原则，钢丝绳报废标准，钢丝绳安装，钢丝绳的测量，滑轮与卷筒点检要点，吊钩点检要点，车轮与轨道点检要点，制动器点检要点。

11）辊道。包括：辊道的分类，辊道的日常点检要点，辊道的堆焊修复，辊道的安装要点。

12）辊类。包括：胶辊的基本结构，金属辊和胶辊的点检内容，刷辊的点检内容，刷辊组装及加工要求，胶辊的质量检验。

13）通风机。包括：通风机的分类，通风机的点检维护要点。

14）空压机。包括：活塞式空压机点检要点，螺杆式空压机点检要点，离心式空压机点检要点。

15）液压设备。包括：液压设备点检要点，液压油使用要点，密封使用要点，液压泵和液压马达的安装、调试，普通液压阀的安装和调试，比例阀的安装和调试，伺服阀的安装和调试，液压系统的安装和调试。

16）气动。包括：气动装置点检要点，气动装置安装要点，常用资料。

17）锅炉和压力容器。包括：锅炉点检要点，锅炉安全附件点检要点，压力容器点检要点，压力容器安全附件点检要点。

18）布袋除尘设备。包括：布袋除尘器的主要结构，布袋除尘器点检要点，布袋除尘器维修要求，除尘器相关内容。

19）标准。

6.6.6　电气部分各项目的点检要点

1）电气点检作业安全要点。包括：电气点检常用工具，电气点检过程提示要点，电气点检过程中的安全要点，电气点检禁止的要点。

2）电气测量技能。包括：仪器、仪表安全使用要点，常用仪器、仪表使用要点，一般专业仪器仪表使用须知。

3）电气绝缘诊断技能。包括：电气设备的绝缘，电气绝缘的老化，绝缘老化的主要特征，绝缘老化的主要原因，绝缘老化的主要类型，绝缘的热老化及产生的主要原因，热老化对电气绝缘的影响，绝缘材料热老化的显著特征，油浸设备油绝缘发生热老化的特点，固体绝缘介质发生老化的特点，绝缘的电老化，电老化的主要表现形式，电击穿，热击穿，环境老化的主要形式，环境老化对绝缘的影响，其他老化对绝缘的影响，电气绝缘诊断的主要目的，绝缘诊断的主要方法，感官检查法，简易诊断，精密诊断，绝缘简易诊断的基本技能，利用感官功能进行绝缘检查，一般目视外观检查能发现绝缘的缺陷，一般气味检查能发现绝缘的缺陷，一般声音和振动检查能发现绝缘的缺陷，温度检查的简易方法，绝缘耐温等级的最高允许温度，电气设备的最高允许温度，电动机各部分最高允许温度与温升，电缆导体的长期允许工作温度，兆欧表电压等级的一般选择，常用电气设备绝缘测试兆欧表的接线方法，高压回路设备的绝缘电阻最低允许值，兆欧表测量设备绝缘电阻的应注意事项。

4）变压器。包括：变压器的分类及特点，变压器视觉点检要点，变压器听觉点检要点，变压器嗅觉点检要点，变压器点检提示要点。

5）电动机。包括：电动机的分类，电动机的视觉点检要点，电动机的听觉点检要点，电动机的嗅觉点检要点，电动机的触觉点检要点，电动机点检提示要点。

6）高压开关柜。包括：高压开关柜视觉点检要点，高压开关柜听觉点检要点，高压开关柜嗅觉点检要点，高压开关柜点检提示要点。

7）电缆。包括：电缆的分类及特点，电缆的目视点检要点，电缆的听觉点检要点，电缆点检提示要点。

8）互感器。包括：互感器的种类，互感器的目视点检要点，互感器的听觉点检要点，互感器的嗅觉点检要点，互感器的触觉点检要点，互感器点检提示要点。

9）保护继电器。包括：继电器的目视点检要点，继电器的听觉点检要点，继电器的嗅觉点检要点，继电器的触觉点检要点，点检过程禁止行为要点。

10）控制柜（端子箱）。包括：控制柜的目视点检要点，控制柜的听觉点检要点，控制柜的嗅觉点检要点，控制柜的触觉点检要点，控制柜点检其他要点。

11）传感器及其他。包括：传感器日常点检要点，限位开关日常点检要点，电磁线圈日常点检要点，点检注意要点。

12）照明设备。包括：照明设备日常点检要点。

13）PLC。包括：PLC日常点检要点。

14）触摸屏。包括：触摸屏日常点检要点。

15）变频器。包括：变频器日常点检要点。

16）电器传动控制装置。包括：电器传动控制装置日常点检要点。

17）防雷设施及接地装置。包括：接地的分类及目的，防雷设施及接地装置的目视点检要点，防雷设施及接地装置点检提示要点。

18）起重机设备。包括：供电装置日常点检要点，限位开关的目视点检要点，限位开关的听觉点检要点，安全装置的视觉点检要点。

19）直流电源装置。包括：直流电源装置的目视点检要点，直流电源装置的听觉点检要点，直流电源装置的嗅觉点检要点。

20）UPS（不间断电源）。包括：UPS的目视点检要点，UPS的听觉点检要点，UPS的嗅觉点检要点，UPS的触觉点检要点，UPS点检提示要点。

21）蓄电池。包括：铅酸阀控蓄电池的目视点检要点，镉镍碱性蓄电池的目视点检要点，蓄电池点检提示要点。

22）滤波补偿装置。包括：滤波补偿装置的视觉点检要点，滤波补偿装置的听觉点检要点，滤波补偿装置的嗅觉点检要点，滤波补偿装置点检提示要点。

23）母线。包括：母线的视觉点检要点，母线的听觉点检要点，母线的嗅觉点检要点，母线点检提示要点。

24）GIS（气体绝缘开关设备）。包括：GIS的视觉点检要点，GIS的听觉点检要点，GIS的嗅觉点检要点，GIS点检提示要点。

25）感应加热装置。包括：感应加热装置的分类及特点，感应加热装置的目视点检要点，感应加热装置的听觉点检要点，感应加热装置的嗅觉点检要点，感应加热装置定期点检要点，感应加热装置安全要点，感应加热装置疑难故障对策。

26）架空线。包括：架空线视觉点检要点，架空线点检提示要点。

27）防爆电器设备。包括：防爆电器设备的点检要点，防爆电器设备的目视点检要点，防爆电器设备的听觉点检要点，防爆电器设备的嗅觉点检要点，防爆电器设备点检提示要点。

28）防爆电动机。包括：防爆电动机的目视点检要点，防爆电动机的听觉点检要点，防爆电动机的嗅觉点检要点，防爆电动机点检提示要点。

29）防爆照明设施。包括：防爆照明设施的目视点检要点，防爆照明设施的嗅觉点检要点。

6.6.7　人才技能提升要点

TPM 自主保全推行得好坏与人的技能提升有着密切关系，通过自主保全活动实践可以提升技术人员的水平。

1. 技术人员和操作人员培训需要考虑的内容

（1）各工程、各部门要求的技能水平不同，但基本技能在任何班组都是共通的　在工厂内的训练中心进行教育能提高作业的标准化程度和教育的效率。但是，重要的一点是，所要求的基本技能的水平实际上每个工程和设备都不同。例如，机械要素的技能在发动机工程比车体工程水平高是必需的。

而且，随着设备的高端化要求，技能水平的要求也更高。对于这样需要高水平技能的工程和设备，必须掌握一些共通的基本技能，如果不足可以寻求厂家或外部的教育机构进行补充教育。

（2）用原理、原则考虑事情　学习基本技能时通过原理、原则考虑事情很重要，各工程的技能讲座也是一样的。不只是宣讲讲义，还要尽可能多地设置实习，让学生动手、一起思考、讨论。要通过反复进行理性的思考，养成好的思维习惯。

（3）培训项目设计　将人为技能和知识不足引起的损失浪费、误操作为第一培训项目设计，将系统全面评价的培训项目作为第二培训项目设计。

（4）现场实践　如果想要真正提升技能，必须要到现场去实践。

2. 具体的技能培训展开方法

为了有效地推进技能教育、配备教育的组织架构、设备、管理表单、有计划的推进是很重要的。下面以工厂技能教育为基础进行介绍。在工厂各车间的设备有很大不同时，学习推进教育的基本想法和结构、构建和自己工程的设备相匹配的教育推进方法是必需的。

（1）利用技能教育体系培养技术员时，想象一下技术员的目标，把握每个员工的经验年数和工作级别，明确实施什么样的教育是必要的。明确了必要的教育项目之后，制作技能教育体系图，设定技能教育的体系。

根据技能教育体系明确必须什么时候、谁作什么样的教育、这样的事情就变得明确了，能够理解保全人员的目标。在技能教育体系中，不仅仅是把握技能，在公司实施的其他教育培训也都要一起事先记入，以把握教育整体。

培训体系制作的注意事项：

1）明确适合工作级别的技能水平。公司内有工作级别的情况，记入工作级别；没有工作级别的情况，根据各人的技能水平设定必要的技能。

2）要能够区分基础、基本、专有技能。例如，针对工作级别和经验年数，把基础、基本、专有技能的设定和技能的鉴定、鉴定时期，以及公司主持的晋级教育一起纳入到技能教育体系图中。

（2）技能培训基础技能教育是实施作业时最基础的作业 但这与设备的大小和难易度没有关系，设备员必须全员掌握。基础教育受讲的对象者包括：

1）分配在保全部门实施保全业务的新员工，以及在职业学校毕业的、接受了教育的人。

2）从保全业务以外的其他部门调到保全部门实施保全业务的人（从工厂内其他部门转岗的）。

3）中途分配到保全部门实施保全业务的人。但是，在其他企业从事保全业务的，判断其掌握了基础技能时，可以免考。

（3）基础培训的顺序

1）培训的设定。基础讲座是保全人员为了实施保全业务必须掌握的技能。例如，用锉刀挫削金属材料作业时，用什么样的锉刀、怎样做才能够如图样那样正确、快速地挫削？这样的锉削作业技能是必需的。还有为了测量锉削好的东西，游标卡尺、万能角度尺等测量器具的使用方法的知识是必需的。如果不理解这些测量器具的使用方法的话，就不能正确地作业。因此，必须设定保全人员要最低限度掌握的技能。

2）培训项目制作。讲座项目记载了设定的技能，包括必需的知识、具体的实技训练、必需的时间等。这样，想知道讲座实施什么样的教育时，通过看讲座项目就能够了解概况。讲座项目的格式没有限定。

3）实技实施要领书概要。实技实施要领书是根据讲座项目的实技内容，详细记录了实技训练的内容。实技实施要领书制作要因各个讲座而异。这是培训老师训练前、准备器材、训练内容、训练程序、训练后的评价方法等的重要数据。

4）培训手册（教材）制作。培训手册是讲座项目必要知识的详细内容。如果能将手册通过PPT和纸质文件等分发给全部受讲学生更好。培训老师使用的手册要统一制作，必须确保每个培训老师保持一致的教授方法。实施基础教育时，由于使用工厂规格不同，所以必须重新修正教材。